はじめに

本書は文部科学省検定済教科書『商品開発と流通』（商業733）の学習用教材として作成されたものです。授業で学んだ内容の復習や，中間考査，期末考査の対策としても利用できます。教科書の内容をより深く理解し，思考力・判断力・表現力を展開する基礎を確実とするために活用してください。

① 学校で実施される中間考査や期末考査は教科書と授業の内容にもとづいて出題されます。よくわからないところや理解できないところは，先生に質問したり自分で調べたりしましょう。

② ノートの作成方法についても，ただ単に黒板の文字を書き写すだけでなく，自分なりにいろいろと工夫してみましょう。

③ 『商品開発と流通』（商業733）の教科書の内容が「わかる」「理解できる」というのは，具体的なイメージが頭に浮かぶことといえます。「KJ法」「ブレーンストーミング」といったキーワードを単に暗記するのではなく，その方法を理解して，実際に活用できるようにしましょう。また，「レジ前陳列」「サンプル陳列」など，教科書で学んだことを身近な暮らしの中で探して，私たちの暮らしと商品開発との関わりについて，考えてみましょう。

このワークブックで皆さんの「商品開発と流通」に対する理解が深まることを切に祈っています。

執筆者一同

もくじ

MEMO

教科書▶p. 4～7

第 1 節　商品と商品開発①～②

❶ 商品開発　❷ 商品

学習要項

⊙ 商品開発は，私たちの暮らしを豊かに便利にし，経済を活性化させる。

基本問題

問 1　次の①～⑤の（　　）にあてはまるものを解答群から選びなさい。なお，同じ選択肢を 2 回選んでもよい。

(1)　私たちの暮らしが豊かで便利になっていく背景には，（　①　）がある。

(2)　商品開発には，開発の起点を企業の技術というビジネスの種である（　②　）とする（　②　）志向と，顧客の欲求である（　③　）とする（　③　）志向がある。

(3)　たとえば,「ハンバーガーを食べたい」などの具体的な欲求を（　④　）という。それに対し，「お腹がすいた」などの本質的な欲求を（　⑤　）という。

【解答群】

ア．ニーズ　　イ．シーズ　　ウ．ウォンツ　　エ．商品開発

①……　②……　③……　④……　⑤……

問 2　次の(1)～(5)について，下線部が正しいときは○を記入し，誤っているときは解答群から正しいものを選び，記号で答えなさい。

(1)　商品とは,「<u>利益</u>の束」である。顧客ニーズを充足する<u>利益</u>をもつ束（かたまり）が商品なのである。

(2)　農畜水産物や天然資源をはじめ，文具や洋服，家電製品などは，<u>有形財</u>と呼ばれる。

(3)　商品の製造やサービスの提供のために売買されるものは，<u>消費財</u>と呼ばれる。

(4)　食品や日用品など近隣店舗で習慣的に購入される商品は<u>買回品</u>と呼ばれる。

(5)　高級ブランドなど魅力的な商品のため，遠地からも訪問され，買回りもせず購入される商品は<u>専門品</u>と呼ばれる。

【解答群】

ア．生産財　　イ．最寄品　　ウ．無形財　　エ．便益　　オ．デジタル財

(1)……　(2)……　(3)……　(4)……　(5)……

応用問題

問　「商品３層モデル」の図の空欄にあてはまる，最も適切な語句を解答群から選んで記入しなさい。

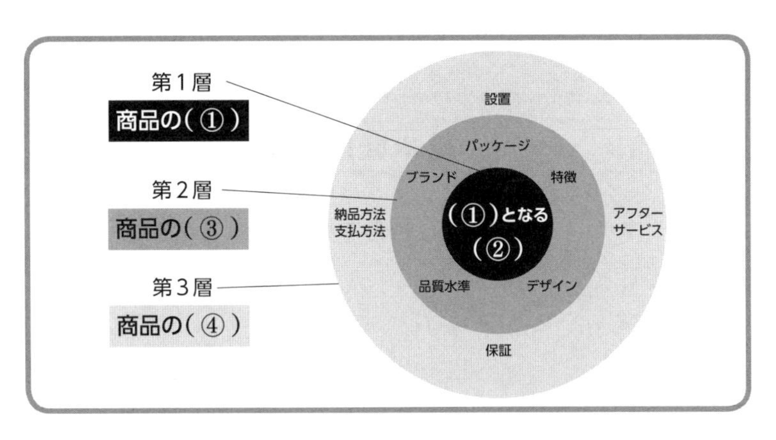

【解答群】

ア．付随機能　　イ．便益　　ウ．中核　　エ．実体

①……………　②……………　③……………　④……………

発展問題

問　次の文章の下線①～⑦にあてはまるものを，解答群のなかからそれぞれ選びなさい。

商品の分類方法のうち，「形の有無による分類」において，商品は，①電子レンジなどの家電や野菜などの農畜水産物，石炭などの天然資源といった，形のある商品と，②家事代行や美容などのサービスや，電子書籍，デジタル音楽などのデジタル財など，形のない商品の二つに分けられる。「使用目的による分類」では，③個人の消費のために売買される商品と，④商品の製造のために売買される商品の二つに分けられる。そして，「消費者の購買習慣による分類」では，⑤自宅などの近隣店舗で購入する食料品や日用品などの商品と，⑥いくつかの店舗を比較して購入する洋服や家電などの商品，⑦あらかじめ慎重に比較・検討し，遠地からでも訪問して購入する自動車や宝飾品などの高価な商品の三つに分けられる。

【解答群】

ア．買回品　　イ．消費財　　ウ．有形財　　エ．最寄品　　オ．無形財

カ．生産財　　キ．専門品

①…………　②…………　③…………　④…………　⑤…………　⑥…………　⑦…………

教科書▶p. 8～9

第2節　商品開発プロセス

❶商品開発プロセス　❷ステージ・ゲート・プロセス

学習要項

⦿ 商品開発は，商品の企画，商品の開発，事業計画という三段階のプロセスにより実施される。

基本問題

問　次の①～⑩の（　　　）にあてはまるものを解答群から選びなさい。

⑴　商品開発は，「誰に（ ① ），何を（ ② ），どのように（ ③ ）提供するか」を具現化していくプロセスである。

⑵　商品の企画は，（　④　）によりターゲット顧客や開発方針を決定し，（　⑤　）調査により顧客ニーズの発見や（　⑥　）をおこない，ニーズを充足する便益をもつ商品コンセプトを考案し，（　⑦　）調査による評価を得たら，（　⑧　）を作成する。

⑶　商品の開発は，まず，商品仕様をもとに（　⑨　）がおこなわれ，試作品の作成と評価が実施される。商品のネーミングやパッケージの制作と評価，（　⑩　）の登録がおこなわれ，最終試作品がテストを通過すると，商品が完成となる。

【解答群】

ア．知的財産　　イ．プロダクトデザイン　　ウ．アイデアの創出　　エ．ターゲット顧客
オ．商品企画書　　カ．探索的　　キ．便益　　ク．検証的　　ケ．環境分析　　コ．手段

①………　②………　③………　④………　⑤………
⑥………　⑦………　⑧………　⑨………　⑩………

応用問題

問　次の文章を読み，問いに答えなさい。

商品開発には，各プロセスごとに次の段階に進むかどうかのゲート（門）を設け，開発を次の段階へ「通過」させるか，あるいは「中止」か，「保留」か，「やり直し」かという判断をおこなう方法がある。このようなプロセスの順番に従った開発は（　①　）開発と呼ばれるが，開発過程の中で新たな便益の再発見がおこなわれた場合は，（　②　）開発に変更する判断が求められる。

⑴　下線部のような方法を何というか，カタカナ11文字で記入しなさい。

…………………………

⑵　空欄①～②にあてはまるものを，選択肢からそれぞれ選びなさい。

ア．リニア型　　イ．ノンリニア型　　①………　②………

教科書▶p.10～11

第3節　商品開発とブランド

❶商品開発とブランド構築　❷プライベートブランド

学習要項

◉ブランド構築により，顧客の継続購買やロイヤルティの向上を図ることができる。

基本問題

問　次の①～⑤の（　　　）にあてはまるものを解答群から選びなさい。

(1)（　①　）とは，競合品とは異なる商品として識別させるために商品に付与する名前やマークなどのことである。

(2)　顧客が特定の企業やブランド，商品などに対して感じる信頼や思い入れなどのことを（　②　）という。

(3)　商品開発は，（　③　）にこたえた便益を中核にモノをつくるのに対して，ブランド構築は，プロモーションなどのマーケティングや商品の購買・使用などの経験をとおして，顧客にモノの便益を理解してもらい，顧客の心の中にブランド知識をつくることが目的となる。

(4)（　④　）は，小売業者や卸売業者などの流通業者が商品開発するブランドである。一方，メーカーが商品開発するブランドは，（　⑤　）と呼ばれる。

【解答群】

ア．ナショナルブランド　　イ．ロイヤルティ

ウ．ブランド　　エ．顧客ニーズ　　オ．プライベートブランド

①……………　②……………　③……………　④……………　⑤……………

発展問題

問　プライベートブランドのメリットについて，最も適切なものを解答群から一つ選びなさい。

【解答群】

ア．テレビCMなどで大々的に宣伝することがき，知名度を上げやすい。

イ．全国のさまざまな小売店に展開することができるため，より多くの人に購入してもらえる。

ウ．広告費，物流費などをおさえることができるため，小売価格を安く設定することができる。

……………

教科書▶p.16〜17

第1節　環境分析①

❶環境分析の概要　❷マクロ環境分析①

学習要項

⊙ 環境要因とは顧客や自社，競合企業へ影響を及ぼす要因であり，マクロ環境とミクロ環境がある。

基本問題

問１　次の①〜④の（　　　）にあてはまるものを解答群から選びなさい。

⑴（　①　）とは,顧客のニーズや競合企業の動向へ幅広く影響を及ぼすような環境要因である。

⑵（　②　）とは，自社が事業を展開する市場環境を指している。

⑶（　③　）とは，他者が他の目的で収集し加工したデータであり，企業がもつ過去の調査データや，新聞や雑誌，書籍，インターネットなどにある官公庁や調査会社などがもつ情報である。

⑷（　④　）とは，当該調査のために自ら収集したデータであり，収集の方法として，専門家インタビューやインターネットサーベイがよく利用される。

【解答群】

ア．一次データ　　イ．マクロ環境　　ウ．二次データ　　エ．ミクロ環境

①………　②………　③………　④………

問２　次の①〜⑥について，下線部が正しいときは○を記入し，誤っているときは解答群から正しいものを選び，記号で答えなさい。

⑴　主要な①ミクロ環境要因には，政治的要因（Political），経済的要因（Economical），社会的要因（Social），技術的要因（Technological）がある。

⑵　自社を取り巻く②マクロ環境を分析する手法を，四つの環境要因の頭文字をとって③SWOT分析という。

⑶　インターネット（④社会的要因）は，経済取引の発展（⑤経済的要因）や，SNSでの新たな流行（⑥技術的要因）を起こしたりする可能性がある。

【解答群】

ア．マクロ環境　　イ．社会的　　ウ．ミクロ環境

エ．技術的　　オ．PEST　　カ．政治的

①………　②………　③………　④………　⑤………　⑥………

問３　開発途上国の生産者の生活改善や自立を目指すために，開発途上国の原料や商品を適正な価格で継続的に購入するしくみを何というか，カタカナ７文字で記入しなさい。

……………………………………

応用問題

問　「環境要因とは」の図の空欄にあてはまる，最も適切な語句を解答群から選んで記入しなさい。

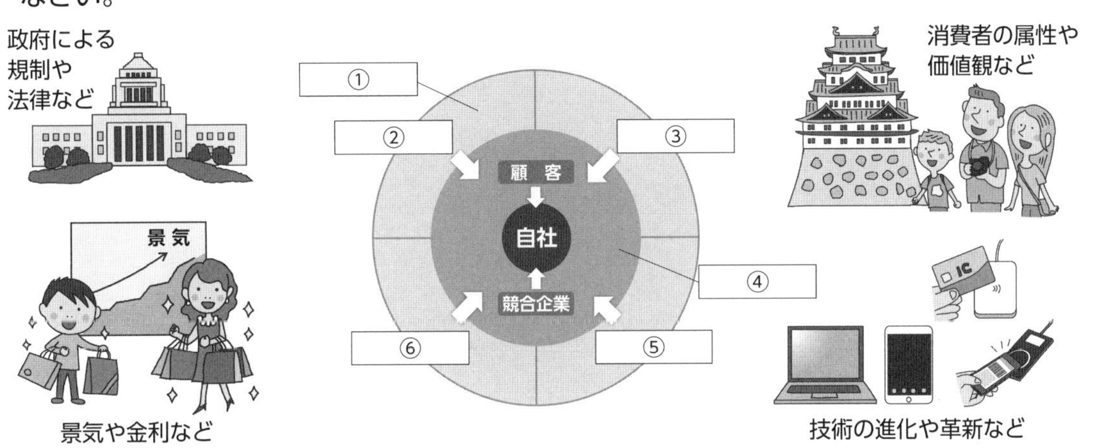

【解答群】

ア．ミクロ環境　　イ．マクロ環境　　ウ．政治的要因

エ．技術的要因　　オ．社会的要因　　カ．経済的要因

①………… ②………… ③………… ④………… ⑤………… ⑥…………

発展問題

問　次の文章を読み，空欄にあてはまる語句を答えなさい。

日本をはじめとする先進国の国内市場は，多くが成熟化しているため，先進国の企業の多くは，成長機会を求めて海外の市場へ展開するようになっている。また，ITや医療といった最先端の分野では，技術や商品の開発に大きな投資が求められるため，様々な企業が国を越えて連携し，共同で開発活動などをおこなっている。さらに，インターネットの普及により低コストで迅速に世界中と情報をやり取りできるようになった。これらの理由により，経済活動が世界的に展開される（　　　　）化が進展している。

……………………………化

第1節　環境分析②

❷ マクロ環境分析②

学習要項

⊙ 環境要因とは顧客や自社，競合企業へ影響を及ぼす要因であり，マクロ環境とミクロ環境がある。

基本問題

問１　次の①〜⑤の（　　　）にあてはまるものを解答群から選びなさい。

⑴（　①　）的要因とは，消費者の属性や価値観など（　①　）に関連した要因である。

⑵ 商品の多様化は，（　②　）にとっては，商品の選択肢が増えるというメリットをもたらすが，（　③　）にとっては，個々のブランドの違いが（　④　）なり，認識されづらくなる（　⑤　）化というデメリットも引き起こす。

【解答群】

ア．市場全体　　イ．社会　　ウ．大きく　　エ．顧客　　オ．小さく　　カ．コモディティ

①…………　②…………　③…………　④…………　⑤…………

問２　2015（平成27）年９月に国連サミットで定められた国際目標で，持続可能な世界を実現するための17のゴールと169のターゲットを定めたものを何というか，アルファベット４文字で記入しなさい。

…………………………

応用問題

問　次の⑴〜⑸のうち，社会的要因に関連するものは「ア」，技術的要因に関連するものは「イ」，自然環境的要因に関連するものは「ウ」として記号を記入しなさい。

⑴地球温暖化　⑵キャッシュレス化　⑶生態系の変化　⑷少子高齢化

⑸IoT　⑹食品ロス　⑺外国人観光客の増加　⑻情報発信力や収集力の向上

⑴…………　⑵…………　⑶…………　⑷…………

⑸…………　⑹…………　⑺…………　⑻…………

教科書▶p.20~21

第1節　環境分析③

❸ミクロ環境分析①

学習要項

⊙ミクロ環境分析では，適切なターゲット顧客の設定や市場での競争に目を配ることが重要である。

基本問題

問１　次の①～④の（　　　）にあてはまるものを解答群から選びなさい。

⑴　ミクロ環境の分析では，顧客や（　①　）を設定し分析をおこなう。

⑵　消費者をいくつかのニーズの似通った集団に細分化することを（　②　）という。

⑶　細分化された集団の中から，ターゲット顧客を設定することを（　③　）という。

⑷　（　④　）とは，市場における上位企業が占める市場シェアの割合を表す。

【解答群】

ア．ターゲティング　　イ．上位集中度　　ウ．競合企業　　エ．セグメンテーション

①………　②………　③………　④………

問２　次の文章で正しいものには○を，誤っているものには×を記入しなさい。

⑴　商品開発においては，できるだけたくさんの消費者をターゲットにするのがよい。………

⑵　競争が激しい市場や圧倒的に強い企業が存在する市場ほど参入の魅力は小さい。………

⑶　上位集中度が高い市場ほど競争が激しくなる。………

⑷　ショッピングセンターと遊園地は，同種の商品やサービスを提供しているわけではないため競合にはなり得ない。………

応用問題

問　ある飲料メーカーが，30代で健康志向の人をターゲットに設定したとする。このとき，日本の人口が約１億2500万人，30代の人口が約11％であり，調査の結果，健康志向の商品をよく選ぶ人の割合が40％であることがわかったとすると，顧客の規模は何人になるか，計算しなさい。

………………

教科書▶p.22～23

第 1 節　環境分析④

❸ ミクロ環境分析②

学習要項

⊙ ミクロ環境分析では，商品ライフサイクルを確認することが重要である。

基本問題

問 1　次の⑴～⑻の説明として最も正しいと思われるものを解答群から選びなさい。

⑴商品ライフサイクル　⑵成長急落成熟パターン　⑶衰退期　⑷波形パターン

⑸成熟期　⑹サイクル・リサイクル・パターン　⑺導入期　⑻成長期

【解答群】

ア．新商品が発売されてまだ間もない段階で，売上はゼロからはじまり，緩やかに上昇していく。

イ．一時的な販売増加の後に成熟期がずっと続くパターンの商品ライフサイクル。

ウ．新商品が市場に幅広く普及した段階で，新規の需要はほとんどなく，買い替えの需要が中心となる。

エ．新商品が市場に導入されてからその姿を消すまでのプロセスを人の一生になぞらえた考え方。

オ．新商品が市場で急速に普及していく段階で，新規の需要が生まれるため，売上や利益は大きく上昇し，市場が拡大していく。

カ．ライフサイクルを複数回繰り返すパターンの商品ライフサイクル。

キ．商品への需要が低減し，市場が小さくなる段階で，売上と利益が共に減少していく。

ク．新たな商品の用途や顧客を発見することで，ライフサイクルを重ねるように売上が増加していくパターンの商品ライフサイクル。

⑴……　⑵……　⑶……　⑷……

⑸……　⑹……　⑺……　⑻……

問 2　商品ライフサイクルの各段階の順番として，最も正しいものを解答群から選びなさい。

【解答群】

ア．導入期→成熟期→成長期→衰退期　イ．成長期→導入期→成熟期→衰退期

ウ．導入期→成長期→成熟期→衰退期　エ．衰退期→成長期→成熟期→導入期

……

応用問題

問　次のア〜エのうち，商品ライフサイクルのグラフとして最も正しいと思われるものを一つ選び，記号で答えなさい。

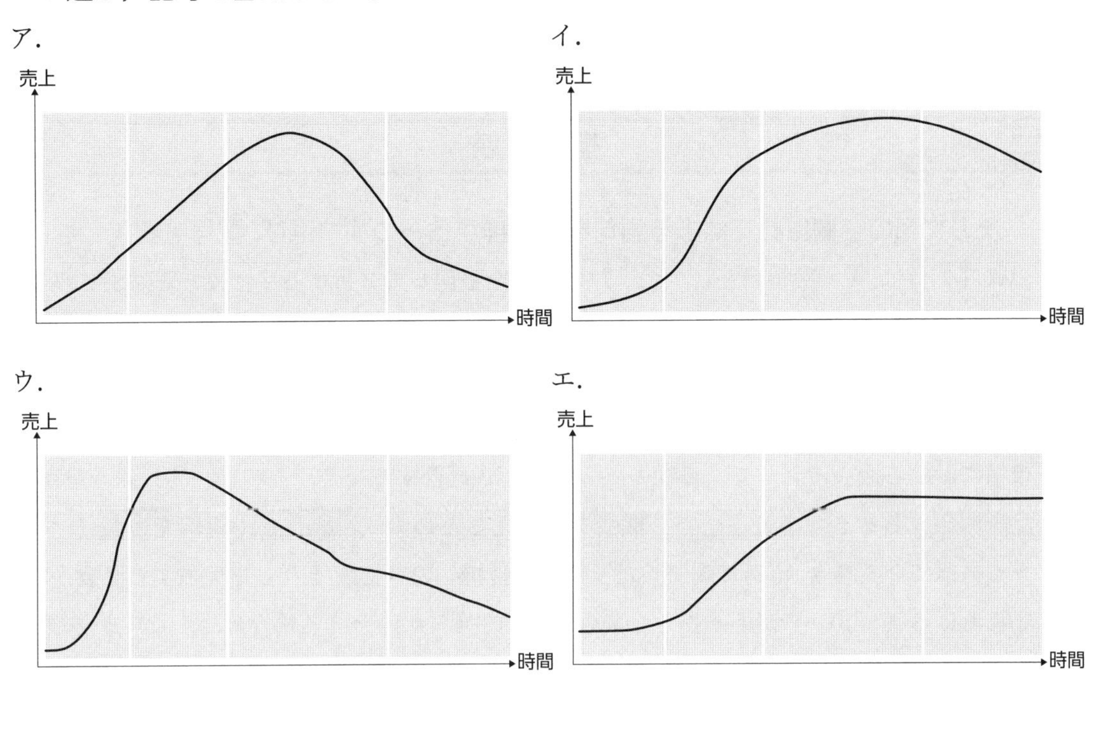

....

発展問題

問　次の文章の下線部を何というか，カタカナ７文字を補って正しい用語を完成させなさい。

私たちが普段購入している商品は，一般的に，発売されてからゆるやかに市場に浸透していき，売上や利益が大きく上昇して市場が拡大し，やがて市場に幅広く普及したのち，徐々に需要が低減して市場が小さくなっていくといったプロセスをたどることになる。このように，商品が初めて市場に導入され，やがて市場から消えていくまでの過程は，導入期，成長期，成熟期，衰退期という四つの段階に分けて考えられている。

商品..

第2節　開発方針とテーマの決定①

❶ SWOT分析

学習要項

⊙ SWOT分析により，開発方針を検討する。

基本問題

問１　次の文章の空欄にあてはまる語句を解答群から一つずつ選び，記号を記入しなさい。

SWOT分析は，（　①　）と（　②　）の評価を整理して分析する手法である。SWOTとは，（　①　）の（　③　）（Opportunity）と脅威（Threat），（　②　）の強み（Strength）と（　④　）（Weakness）のそれぞれの頭文字を表している。

（　①　）と（　②　）の評価を掛け合わせると，四つの開発方針を描くことができる。

市場における機会に対して，自社の（　⑤　）が適合する場合，その（　⑤　）を生かして商品を開発するべきである。一方，機会をとらえるための（　⑥　）や組織能力が（　⑦　）よりも劣っている場合，市場で調達したり他社と提携したりしてそれらを補強する必要がある。市場における（　⑧　）があったとしても，自社の強みが適合する場合は，（　⑧　）を乗り越えられるような商品が開発できるかもしれない。一方，市場の（　⑧　）に対応するための十分な（　⑥　）や組織能力をもたない場合，市場を（　⑨　）して，（　⑩　）を変更するなど，新たな機会を探し求めるべきだろう。

【解答群】

ア．競合企業　　イ．セグメンテーション　　ウ．脅威　　エ．自社　　オ．強み
カ．弱み　　キ．ターゲット顧客　　ク．機会　　ケ．経営資源　　コ．環境要因

①……　②……　③……　④……　⑤……
⑥……　⑦……　⑧……　⑨……　⑩……

問２　次の文章で正しいものには○を，誤っているものには×を記入しなさい。

⑴　環境分析の結果をもとに，SWOT分析とPEST分析をとおして開発方針を決定する。……
⑵　環境要因は，機会と脅威という二つの視点から評価される。……
⑶　経営資源とは，企業が事業を展開したり，商品を開発したりするうえで必要とされる手段である。……
⑷　ヒト，モノ，カネなど有形のものは経営資源になり得るが，ノウハウ，情報，ブランドなど無形のものは経営資源にはなり得ない。……
⑸　豊富な経営資源があれば，必ずヒット商品を開発することができる。……

応用問題

問１　「SWOT分析」の図の空欄にあてはまる，最も適切な語句を解答群から選んで記入しなさい。

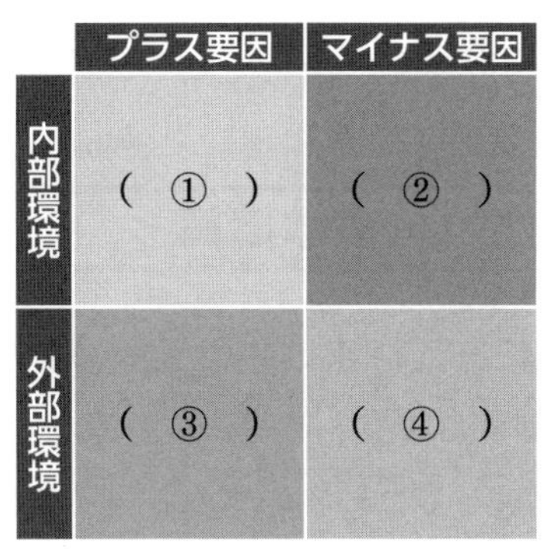

【解答群】

ア．脅威　　イ．強み　　ウ．機会　　エ．弱み

①……………　②……………　③……………　④……………

問２　「SWOT分析と開発方針」の図の空欄にあてはまる，最も適切な語句を解答群から選んで記入しなさい。なお，同じ語句を複数回選んでもよい。

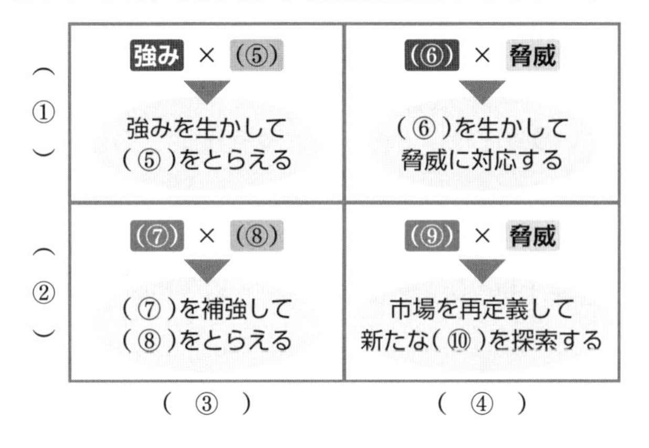

【解答群】

ア．脅威　　イ．強み　　ウ．機会　　エ．弱み

①……………　②……………　③……………　④……………　⑤……………

⑥……………　⑦……………　⑧……………　⑨……………　⑩……………

教科書▶p.26〜27

第2節　開発方針とテーマの決定②

❷ PPM分析

学習要項

⊙ PPM分析により，開発方針を検討する。

基本問題

問 1　次の①〜⑤の（　　　）にあてはまるものを解答群から選びなさい。

(1)（　①　）とは，企業が展開する事業を市場の成長率と市場シェアで評価する手法である。

(2) 市場成長率が高く，相対市場シェアも高い事業を（　②　）という。

(3) 市場成長率が低く，相対市場シェアも低い事業を（　③　）という。

(4) 市場成長率は高いが，相対市場シェアが低い事業を（　④　）という。

(5) 市場成長率は低いが，相対市場シェアが高い事業を（　⑤　）という。

【解答群】

ア．金のなる木　　イ．PPM分析　　ウ．花形　　エ．負け犬　　オ．問題児

①………　②………　③………　④………　⑤………

問 2　次の(1)〜(5)について，下線部が正しいときは○を記入し，誤っているときは解答群から正しいものを選び，記号で答えなさい。

(1) 市場成長率が高いということは，その事業は環境分析でみた商品ライフサイクルにおける<u>成熟期</u>にあるといえる。

(2) 市場成長率が低い事業は，商品ライフサイクルの<u>成長期</u>や衰退期にあるといえる。

(3) 競合企業と比較した相対市場シェアが<u>高い</u>ほど，多くの利益を生み出す事業であると評価される。

(4) 花形の事業は<u>成長期</u>にあり，さらには競合よりも多くのシェアをもっているので，最も有望な事業である。

(5) 問題児の事業は，資金の投入によって<u>金のなる木</u>へ成長させることが求められる。

【解答群】

ア．低い　　イ．成長期　　ウ．花形　　エ．成熟期　　オ．導入期

(1)………　(2)………　(3)………　(4)………　(5)………

応用問題

問　次の図の空欄にあてはまる，最も適切な語句を解答群から選んで記入しなさい。なお，同じ選択肢を２度選んでもよい。

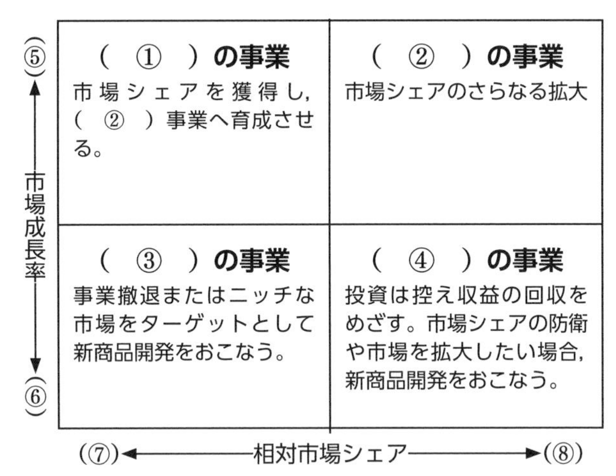

【解答群】

ア．負け犬　　イ．問題児　　ウ．花形　　エ．金のなる木　　オ．高　　カ．低

①……………　②……………　③……………　④……………

⑤……………　⑥……………　⑦……………　⑧……………

発展問題

問　次の文章の空欄にあてはまる語句を解答群から一つずつ選び，記入しなさい。

右の図は，架空の飲料メーカーのPPM分析の結果を表している。この図から，コーラ飲料の商品開発をおこなう場合で重要なのは，市場第１位としての地位を盤石にし，かつ（　①　）の拡大を狙うことである。スポーツドリンクや栄養ドリンクの商品開発をおこなう場合で重要なのは，（　②　）への移行である。日本茶の商品開発をおこなう場合で重要なのは，市場の活性化や（　①　）の維持となる。フルーツジュースの場合は，（　③　）を目指して，競合からシェアを奪うことになるだろう。コーヒー飲料の場合は，高い利益率を目標として（　④　）な商品の開発が意図される。

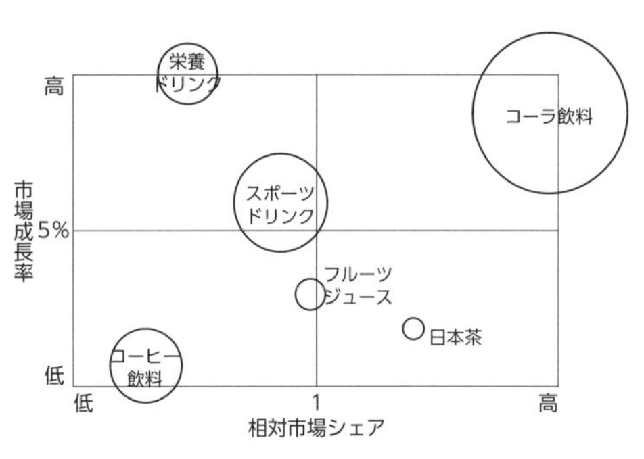

【解答群】

ア．花形事業　　イ．市場シェア　　ウ．金のなる木　　エ．ニッチ

①……………　②……………　③……………　④……………

第2節　開発方針とテーマの決定③

❸ 開発方針とテーマの決定

学習要項

⊙ SWOT分析とPPM分析により開発方針を定め，それをもとに新商品のタイプなどを検討する。

基本問題

問　次の⑴～⑸について，下線部が正しいときは○を記入し，誤っているときは解答群から正しいものを選び，記号で答えなさい。

⑴　<u>これまでにない新商品</u>とは，企業にとっても顧客にとっても新しい商品のことである。

⑵　商品ラインとは，機能や顧客層，流通経路，価格帯に関して類似性を<u>もたない</u>商品の集合である。

⑶　<u>既存商品ラインへの追加</u>とは，自社ではまだ扱っていないが，市場ではすでに存在している商品カテゴリーで新商品を開発することである。

⑷　<u>リポジショニング</u>とは，すでに企業がもつ商品の機能やデザインなどを改良することである。

⑸　新商品のタイプのうち，<u>コスト削減</u>とは，原材料や製造方法を変更して，同程度の機能をもたせた新商品である。

【解答群】

ア．既存商品　　イ．新商品ライン　　ウ．既存商品の改良　　エ．もつ

⑴.................. ⑵.................. ⑶.................. ⑷.................. ⑸..................

応用問題

問　「六つの新商品のタイプ」の図の空欄にあてはまる，最も適切な語句を解答群から選んで記入しなさい。

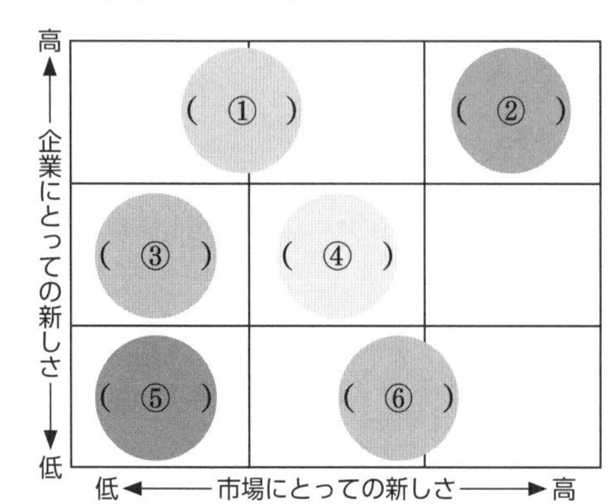

【解答群】

ア．これまでにない新商品

イ．新商品ライン

ウ．既存商品ラインへの追加

エ．既存商品の改良

オ．リポジショニング

カ．コスト削減

①.................. ②.................. ③..................

④.................. ⑤.................. ⑥..................

教科書▶p.30～31

第3節　探索的調査①

❶ 市場調査の役割

学習要項

⦿ 市場調査は，五つのステップで実施される。

基本問題

問　次の①～⑦の（　　　）にあてはまるものを解答群から選びなさい。

(1)　ヒット商品の開発には，（　①　）を理解する市場調査が重要となる。

(2)　市場調査は，顧客ニーズ発見のための（　②　）と，コンセプトや試作品の評価のための（　③　）に分けられる。

(3)　市場調査の調査方法には，（　④　）と（　⑤　）がある。（　④　）とは，少数の対象から数値化されないデータを収集する調査であり，（　⑤　）とは，多数の対象から数値化されたデータを収集する調査である。

(4)　定量調査の代表的な方法には，調査対象者の意見を数値化して収集する（　⑥　）がある。

(5)　定性調査の代表的な方法には，調査対象者の行動を記録する（　⑦　）がある。

【解答群】

ア．定性調査　　イ．顧客ニーズ　　ウ．観察調査　　エ．定量調査

オ．探索的調査　　カ．検証的調査　　キ．サーベイ調査

①..........　②..........　③..........　④..........　⑤..........　⑥..........　⑦..........

応用問題

問　「商品開発における市場調査の目的と手法の一覧」の図の空欄にあてはまる，最も適切な語句を解答群から選んで記入しなさい。

			二次データ分析	専門家インタビュー	インターネットサーベイ	観察	デプスインタビュー	グループインタビュー	会場テスト	ホーム・ユース・テスト	試験販売
（①）	（③）		○	○	○						
	（④）	顧客ニーズやアイデア発見				○	○	○			
（②）		コンセプト・テスト							○		
		試作品テスト							○	○	
		ネーミング・テスト							○		
		パッケージ・テスト							○		
		最終試作品テスト							○	○	
	（⑤）										○

【解答群】

ア．消費者テスト

イ．市場テスト

ウ．環境分析

エ．探索的調査

オ．検証的調査

①..........　②..........　③..........　④..........　⑤..........

教科書▶p.32～33

第3節　探索的調査②

❷ 顧客ニーズ発見のための探索的調査

学習要項

⊙ 顧客ニーズ発見のための探索的調査には，インタビュー調査と観察調査がある。

基本問題

問１　次の①～⑦の（　　　）にあてはまるものを解答群から選びなさい。

⑴　インタビュー調査には，一人の対象者に対してじっくりと話を聞く（　①　）と，複数の対象者に座談会形式で話を聞く（　②　）といった方法がある。

⑵　インタビュー調査のメリットは，対象者の考えを聞いたり，質問しながら深く掘り下げたりして（　③　）を詳細に捉えられ，（　④　）を得られる点である。

⑶　自宅訪問での観察調査では，どのように商品が使われているのかが観察されるだけでなく，（　⑤　）もあわせて実施されることが多い。

⑷　観察調査のメリットは，対象者が言葉にできないような（　⑥　）を捉えられる点である。

⑸　探索的調査で得られるのは，調査回答者の発言や行動記録などの（　⑦　）データである。

【解答群】

ア．インタビュー　　イ．顧客ニーズ　　ウ．商品アイデア　　エ．潜在ニーズ

オ．デプス・インタビュー　　カ．グループ・インタビュー　　キ．定性的

①……………　②……………　③……………　④……………

⑤……………　⑥……………　⑦……………

問２　商品やサービスを利用するさいに，一般的な顧客とは大きく異なった行動をとる人びとを何というか，カタカナ11文字で記入しなさい。

……………………………………

応用問題

問　次の文章を読み，問いに答えなさい。

探索的調査で得られるのは，調査回答者の発言や行動記録などの（　①　）である。こうしたデータの分析と解釈には，次の三点が重要である。第一に，顧客が商品に抱く不満や問題に思っていることなどの課題が（　②　）となる可能性がある。単に表面上でわかることではなく，その発言や行動の背景に，(a)潜在ニーズがないかを考えることが重要である。第二に，(b)顧客の無意識の行動が，潜在ニーズとなる可能性がある。第三に，(c)顧客自身が問題に対して意識あるいは無意識的に工夫していることが，便益や解決策のアイデアとなる可能性がある。

(1)　空欄①～②にあてはまるものを，次のなかからそれぞれ選びなさい。

ア．ウォンツ　　イ．定量的データ　　ウ．顧客ニーズ

エ．インサイト　　オ．定性的データ

①………………　②………………

(2)　下線部(a)の説明として適切なものを，次のなかから一つ選びなさい。

ア．顧客が商品やサービスなどに対して求める具体的な欲求のこと。

イ．顧客が自覚している，言葉にすることができるニーズのこと。

ウ．顧客が自覚していない，言葉にすることができないニーズのこと。

………………

(3)　次のⅰ～ⅲの説明文について，下線部(b)と下線部(c)の具体例として適切な組み合わせはどれか，解答群から選びなさい。

ⅰ．冷凍餃子の開発において，主婦を対象にした観察調査で調理中に水が多すぎて餃子をふやかしたり，少なすぎて焦がしたりしてしまうなどの失敗が多いことが明らかになったため，水を使わずに調理できる冷凍餃子を開発した。

ⅱ．自宅で眼鏡や鍵などを探せない顧客がいる一方，小皿などに入れてすぐ探せる顧客がいることから，一時的に小物をおくホームポジションを決めることが大事という発見につながった。

ⅲ．幼児は，歯ブラシを大人のように持てず，拳で握りしめて持つという発見から，幼児が握りやすいようグリップを太く柔らかくした歯ブラシを開発した。

【解答群】

ア．下線部(b)：説明文ⅰ　　イ．下線部(b)：説明文ⅲ　　ウ．下線部(b)：説明文ⅱ
　　下線部(c)：説明文ⅱ　　　　下線部(c)：説明文ⅱ　　　　下線部(c)：説明文ⅲ

………………

教科書▶p.34～37

第4節　アイデアの創出と評価①～②

❶顧客ニーズの特定とアイデアの創出　❷アイデアの評価（アイデア・スクリーニング）

学習要項

⊙ 探索的調査により発見できた顧客ニーズや課題，解決策などをもとに，アイデアを創出する。

基本問題

問1　次の①～⑤の（　　）にあてはまるものを解答群から選びなさい。

⑴　開発テーマなどのキーワードを中央に書き，そこから放射状にアイデアを広げ，つなげていく方法を（　①　）という。

⑵　開発テーマや問題に対し，複数の参加者が脳をフルに回転させて自由に意見を述べることで，幅広いアイデアを得るための方法を（　②　）という。この方法では，原則として，批判禁止，質より量，自由奔放，（　③　）という四つのルールを守ることが大切である。

⑶　アイデアが出されたあとには，数多くのアイデアをふるいにかけて，今後生かせそうな有望なアイデアを絞り込む（　④　）をおこなう。

⑷　アイデアをカードに記述し，カードをグループごとにまとめて，図解し，文章にしてまとめていく方法を（　⑤　）という。

【解答群】

ア．アイデアマップ　　イ．アイデア・スクリーニング　　ウ．KJ法
エ．結合便乗　　オ．ブレーンストーミング

①.................. ②.................. ③.................. ④.................. ⑤..................

問2　次の⑴～⑶について，下線部が正しいときは○を記入し，誤っているときは解答群から正しいものを選び，記号で答えなさい。

⑴　ある商品に対する欠点をすべて書き出し，改善方法を考える方法を<u>希望点列挙法</u>という。

⑵　<u>アイデアソン</u>は，アイデアとマラソンを組み合わせた造語で，新しいアイデアを短期間に集中的に生み出すためにおこなわれるイベントである。

⑶　アイデア・スクリーニングにおいて，判断の基準を高くしすぎると優れたアイデアでも見逃して却下してしまう<u>ゴー・エラー</u>となる。

【解答群】

ア．ハッカソン　　イ．欠点列挙法　　ウ．ドロップ・エラー

⑴.................. ⑵.................. ⑶..................

応用問題

問　「KJ法の手順」の図の空欄にあてはまる，最も適切なものを解答群から選んで記入しなさい。

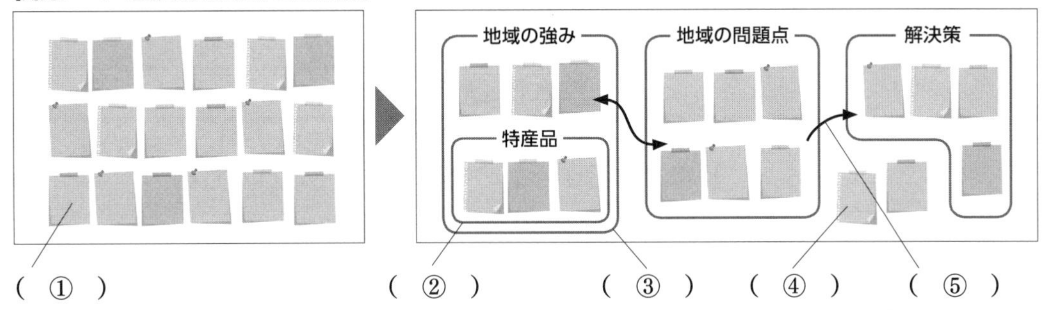

【解答群】

ア．カードの中から似ているものをいくつかのグループにまとめて，それぞれのグループに見出しをつける。

イ．どのグループにも入らないものはそのまま残す。

ウ．矢印などでグループ同士の関係を表し，図解をもとに文章化する。

エ．テーマを決め，ブレーンストーミングをおこなう。集まったアイデアをそれぞれカードや付箋に書き出して集める（カード１枚につき一つのアイデアを記入する）。

オ．小さなグループからさらに中，大グループをつくる。

①……………… ②……………… ③……………… ④……………… ⑤………………

発展問題

問１　あるアイデアを生み出すために複数人が自由に意見交換をおこなう発想法を何というか，次のなかから最も適切と思われるものを一つ選びなさい。

ア．KJ法　　イ．ブレーンストーミング　　ウ．アイデアソン

………………

問２　用紙の中央に議題となるキーワードを配置して，そこから放射状に関連するアイデアを書き出す発想法を何というか，次のなかから最も適切と思われるものを一つ選びなさい。

ア．アイデアマップ　　イ．希望点列挙法　　ウ．アイデア・スクリーニング

………………

教科書▶p.38〜39

第5節　商品コンセプトの考案

❶商品コンセプトの考案　❷ポジショニングの確認　❸商品の実体・付随機能・価格の想定

学習要項

⊙商品コンセプトは，「誰に，何を提供するのか」を表現したものである。

基本問題

問１　次の①〜⑧の（　　）にあてはまるものを解答群から選びなさい。

⑴　商品コンセプトは，「誰に（（①）），何を（（②））提供するのか」を，（（③））な文章（ワンフレーズ）や象徴的なキーワードで表現したものである。

⑵　商品コンセプトを定めることによって，商品開発の過程で判断に迷ったときや，チーム内で議論するときに，めざす方向性をぶらすことなく開発を進めていくことができるようになる。一方，顧客に対しては，商品の（　④　）を伝えるメッセージとなる。

⑶　商品コンセプトは，競合との（　⑤　）が不可欠である。競合の商品の二番煎じでは，顧客の記憶に残らない。

⑷　商品コンセプト案の良し悪しの判断には，（　⑥　）での確認が最適である。ターゲット顧客の頭の中での位置づけとなるので，（　⑦　）ともいわれる。その方法は三つあり，（　⑧　）のいない空白地帯への位置づけがベストである。

【解答群】

ア．ポジショニングマップ　　イ．価値　　ウ．便益　　エ．差別化

オ．知覚マップ　　カ．簡潔　　キ．ターゲット顧客　　ク．競合

①………　②………　③………　④………

⑤………　⑥………　⑦………　⑧………

問２　次のア〜エのうち，「誰に，何を提供するのか」をあらわす商品コンセプトとして最も適していると思われるものを一つ選びなさい。

ア．１年間の修理保証という付随機能をもつ電子レンジ

イ．自社の新技術を生かし，健康志向の流行という機会をとらえた栄養ドリンク

ウ．10代から20代の若者に向けた，写真映えして健康にも良いフルーツティー

エ．アスリートに向けた，これまでにない新しいスポーツシューズ

………

応用問題

問　次の文章を読み，問いに答えなさい。

商品コンセプトの良し悪しを判断する場合，ポジショニングマップを用いて，マップ上で競合のいない空白地帯に自社の新商品が位置づけられているかを確認するという方法が最適である。また，競合のいない空白地帯に自社の新商品を位置づける方法には，次の３つの方法がある。

①　典型的便益の向上 ②　これまでにない新商品の開発による新便益の追加 ③　リポジショニングによる新便益の追加

①は，既存商品の改善により，カテゴリーの典型的便益の水準を上げる方法であり，②は新機能を商品開発し，新便益を追加する方法，③は，既存商品の特徴・技術の再解釈により新たな便益を設定するか，新たなターゲット顧客を狙う方法である。

(1)　上の文章の①～③をあらわす具体例として適切なものを,次のなかからそれぞれ選びなさい。

ア．洗浄力での白さを競っていた洗濯洗剤市場に,「除菌できるのが本当の白さ」と差別化する。

イ．競合より白さをめざす洗浄力の高い洗濯洗剤。

ウ．洗濯洗剤がもつ良い香りに注目し，「洗濯の楽しさ」を訴求して差別化する。

①..................　②..................　③..................

(2)　上の文章の①～③をあらわすポジショニングマップとして適切なものを，次のなかからそれぞれ選びなさい。

ア．

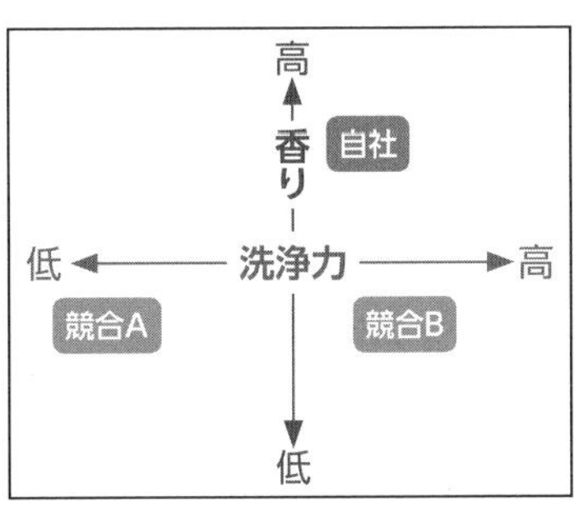

イ．

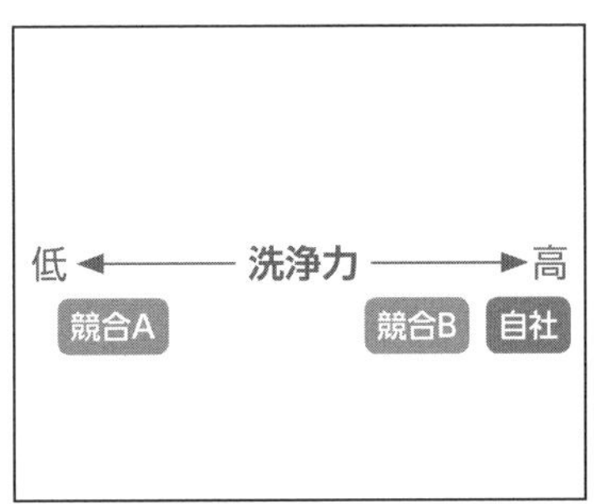

ウ．

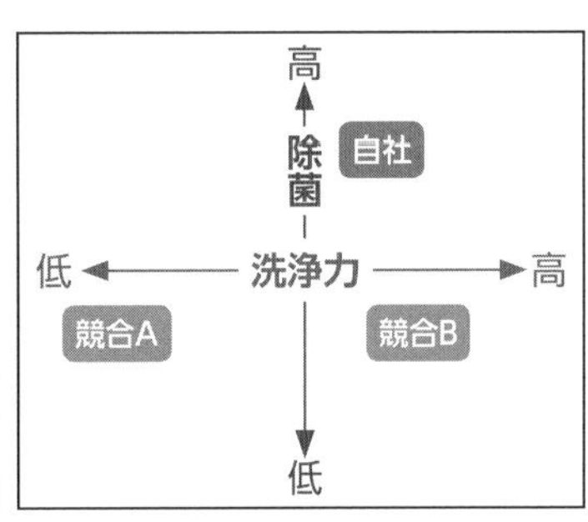

①..................　②..................　③..................

教科書▶p.40～41

第6節　検証的調査（コンセプト・テスト）

❶評価のための検証的調査　❷コンセプト・テスト

学習要項

⊙商品コンセプトは，コンセプト・テストで合格点に達するまで，何度も修正される。

基本問題

問１　次の①～⑤の（　　　）にあてはまるものを解答群から選びなさい。

(1) 商品コンセプトの考案ができたら，（　①　）によりコンセプト・テストを実施する。

(2) 検証的調査としては，主に，（　②　）がおこなわれる。（　②　）とは，ある事柄に関する質問を同一の文章および同一の順番で対象者に対してたずねる調査である。

(3) （　②　）のデメリットは，決められた項目以外の質問はできないことである。したがって，（　③　）と組み合わせることで（　②　）のデメリットを補完することができる。

(4) 検証的調査は,（　④　）（ターゲット顧客）の中から一部を（　⑤　）（サンプル）として選び出して調査をおこなう。

【解答群】

ア．母集団　　イ．インタビュー　　ウ．検証的調査　　エ．標本　　オ．サーベイ調査

①………　②………　③………　④………　⑤………

問２　次の(1)～(4)について，下線部が正しいときは○を記入し，誤っているときは解答群から正しいものを選び，記号で答えなさい。

(1) サーベイ調査のメリットは，比較的低コストで<u>定性的データ</u>を大量に収集することができる点である。

(2) データ収集において，調査者が恣意的に標本を抽出する方法を<u>無作為抽出法</u>という。

(3) <u>作為抽出法</u>は，たとえば，全国の高校生の中からランダムに複数人を選び出して調査対象とするような場合のことをいう。

(4) 購入意向を５段階で測定するような場合，データ分析の方法には，標本の統計量を分析する方法と，<u>トップボックス</u>の回答率を分析する方法がある。

【解答群】

ア．トップ２ボックス　　イ．無作為抽出法　　ウ．定量的データ　　エ．作為抽出法

(1)………　(2)………　(3)………　(4)………

応用問題

問　次のようなサーベイ調査の例をみて，以下の問いに答えなさい。

コンセプトを読んで，以下の問いのいずれかの水準に○をつけてください

＊＊＊コンセプトを記述＊＊＊	全く当てはまらない	当てはまらない	どちらともいえない	当てはまる	とても当てはまる
①この商品の価値は，明確ですか？	1	2	3	④	5
②この商品は，あなたの問題を解決したり，ニーズを満たしてくれますか？	1	2	3	④	5
③市場にある同様の商品は，ニーズを満たしてくれていますか？	1	2	③	4	5

＊価格をみせずに答えてもらうため，改ページ

この商品の価格は，＊＊円です。	全く当てはまらない	当てはまらない	どちらともいえない	当てはまる	とても当てはまる
④この商品は，価値にみあった価格になっていますか？	1	2	3	④	5
	絶対に購入しない	購入しない	どちらともいえない	購入する	絶対に購入する
⑤この商品を買いますか？	1	②	3	4	5
⑥この商品は，誰がいつどのくらいの頻度で購入するものですか？(自由回答)	1年～数年に1回程度購入する				

(1)　上の図は，新商品のコンセプトや価格などに対する顧客の回答の一例である。この回答結果から，顧客が⑤の質問で商品を「購入しない」と回答した理由として，最も適切なものを次のなかから一つ選びなさい。

ア．商品コンセプトが分かりづらく，価値が明確でなかったため。

イ．商品コンセプトが顧客のニーズにあっていなかったため。

ウ．競合商品の方が優れていたため。

エ．頻繁に買い替えるような商品ではなく，現在所有している商品に問題がないため。

オ．価格が高すぎるため。

………………

(2)　上の図のような内容のサーベイ調査を100人に対して実施した結果，⑤の購入意向を問う質問への回答は，「５」と回答した人が15人，「４」と回答した人が56人，「３」と回答した人が20人，「２」と回答した人が７人，「１」と回答した人が２人となった。このとき，このコンセプト・テストの合格ラインを「トップボックスへの回答率が２割以上，あるいはトップ２ボックスが７割以上」に設定したとすると，このテストの結果は合格か，不合格か，どちらかを記入しなさい。

……………………

教科書▶p.42～43

第7節　商品企画書の作成と承認

❶ 商品企画書の作成　❷ 社内承認のためのプレゼンテーション

学習要項

⦿「誰に，何を」を中心に商品企画で実施してきたことをまとめて，商品企画書を作成する。

基本問題

問１　次の①～⑤の（　　）にあてはまるものを解答群から選びなさい。

⑴　商品企画書は，「誰に（ターゲット顧客），何を（便益）」を中心に，現時点での「どのように（（①））」の計画をまとめたものである。

⑵　「誰に，何を」には（　②　）を中心に，環境分析や開発方針，開発テーマ，探索的調査，ポジショニングマップ，検証的調査の結果など商品の企画で実施してきたことを簡潔に記載する。

⑶　「どのように」とは，（　③　）を計画することである。（　③　）とは，商品，価格，流通経路，プロモーションをどのように組み合わせて顧客に便益を提供するかを考える枠組みである。

⑷　商品，価格，流通経路，プロモーションの４つを（　④　）という。

⑸　商品企画書を作成したら，社内承認を得るために，商品企画の（　⑤　）をおこなう。

【解答群】

ア．プレゼンテーション　　イ．4P　　ウ．手段

エ．商品コンセプト　　オ．マーケティング・ミックス

①………………　②………………　③………………　④………………　⑤………………

問２　商品，価格，流通経路，プロモーションについて，次のなかから正しい組み合わせを一つ選びなさい。

ア．商品：Product　価格：Place　流通経路：Price　プロモーション：Promotion

イ．商品：Price　価格：Promotion　流通経路：Product　プロモーション：Place

ウ．商品：Product　価格：Price　流通経路：Place　プロモーション：Promotion

エ．商品：Place　価格：Price　流通経路：Product　プロモーション：Promotion

………………

応用問題

問　次の商品企画書の空欄にあてはまる内容として適切なものを，解答群から一つずつ選び，記号を記入しなさい。

【高校生による新商品の商品企画書】

開発テーマ	（　①　）
商品コンセプト	（　②　）
商品名（仮）	フルーツ・てぃー
商品の特徴	（　③　）
企画背景	◆ 環境分析：（　④　） ◆ 開発方針：（　⑤　） ◆ 探索的調査：（　⑥　） ◆ コンセプト・テスト：（　⑦　）
価格・流通経路・プロモーション	（　⑧　）

ア．10代～20代の男女50名に街頭で声をかけて調査を依頼した。その後，調査対象者に対し，デプス・インタビューと，SNSへの投稿・閲覧の場面や店頭での商品の購入場面の観察調査をおこなった。その結果，カラフルでおしゃれな見た目の商品や，自分で好きなようにカスタマイズできる商品に対するニーズを発見した。

イ．若年層に向けた，お茶や果実を使った健康的で写真映えする新商品ライン。

ウ．社会的要因について分析したところ，若年層に健康志向やSNSでの写真映えする商品への人気の高まりなどがみられた。

エ．特産品やメンバーの料理知識を生かし，若年層での健康志向や写真映え商品人気という機会をとらえる。

オ．若年層に向けた，果物をそのまま入れたカラフルで健康に良いカスタムフルーツティー。

カ．価格：¥370，流通経路：地元のカフェ，プロモーション：SNSでの告知や広告の作成。

キ．身近な地域で生産された果物をそのまま使った，カスタマイズできるフルーツティー。写真映えするカラフルかつオシャレな見た目で，お茶と果物による健康効果をアピールできる商品。

ク．10代～20代の男女100名に，商品コンセプトとイメージ，価格を提示して評価を確認した結果，コンセプトに問題はなく，特に重要な購入意向（５段階）の評価も，トップ２ボックスで70％以上と高く評価されていて，売上が期待される。

①……　②……　③……　④……
⑤……　⑥……　⑦……　⑧……

教科書▶p.52〜53

第1節　商品仕様書の作成

❶ 商品の開発　❷ 商品仕様書の作成　❸ 技術開発

学習要項

⊙ 商品仕様書は，商品の形状や機能，性能，操作方法，部品などの仕様をまとめたものである。

基本問題

問１　次の①〜⑤の（　　　）にあてはまるものを解答群から選びなさい。

⑴　商品の開発は，商品３層モデルの２層目である「（　①　）」をつくり込む作業である。

⑵　まずは，商品企画書をもとに，「何をつくるのか」という（　②　）の作成からはじめる。それをもとに，技術開発，プロダクトデザイン，試作品の作成と評価，商品のネーミングやパッケージの制作と評価をとおして，商品仕様や設計を具体化し，（　②　）を完成させ，「どのように製造するのか」という（　③　）を作成していく。

⑶　商品が完成したら，さらに，開発されたデザインや技術，ネーミングなどの（　④　）を登録する。

⑷　より良い商品にするために，（　⑤　）によって課題や改善すべき点などが見つかった場合は，それにあわせて商品の仕様を再検討し，改良していく必要がある。

【解答群】

ア．詳細設計書　　イ．商品の実体　　ウ．試作品の評価

エ．商品仕様書　　オ．知的財産

①……………　②……………　③……………　④……………　⑤……………

問２　次の文章で正しいものには○を，誤っているものには×を記入しなさい。

⑴　商品の開発には多様なプロセスがあり，デザイナーや技術開発者，設計者など多くの人びとがかかわるため，互いに調整しながら進めるのではなく，それぞれが独自に作業をおこなう必要がある。

⑵　デザインや技術，試作品，製造などの関係で，仕様どおりの開発ができない場合には，仕様自体を再検討することもある。

⑶　商品の仕様とは，商品コンセプトにもとづく商品の特徴を具体的にしたもので，文章や数値で示される部分と，形状など図で示される部分がある。

⑷　商品仕様で求められる素材製造や成形加工技術，機能や構造などを実現するための技術が自社の既存技術で対応できない場合は，開発を中止して再度企画内容を見直すしか方法はない。

(5) 商品3層モデルの2層目は，たとえば，商品の中核となる便益やパッケージ，特徴，デザイン，品質水準，ブランドなどである。

(6) 自社で新たな技術の開発をおこなう場合，新たな投資が必要であったり，実現に向けての不確実性も上がるため，商品の開発をはじめる前に，事業計画を立案して，社内のトップマネジメントの承認をとる必要がある。

(1)……………… (2)……………… (3)……………… (4)……………… (5)……………… (6)………………

発展問題

問　次の商品仕様書の空欄①〜④にあてはまる説明を解答群から選び，記入しなさい。

<table>
<tr><td>商品カテゴリ</td><td colspan="2">USBコードレス ストレートアイロン</td></tr>
<tr><td>商品概要</td><td>サイズ：
(　　①　　)
重量：
100 g
機能・性能：
(　　②　　)
商品特長：
(　　③　　)
使用方法：
(　　④　　)
付属品：
USBケーブル，持ち運び用ポーチ，取扱説明書</td><td>商品概要図</td></tr>
<tr><td>材質・価格など</td><td colspan="2">材質：プレート…セラミックコーティング
価格：3,000円</td></tr>
</table>

【解答群】

ア．付属の専用USBケーブルと本体をつなぎ，使用したい温度を選択してスイッチを入れる。LEDライトの点滅が終了したらプレートに髪をはさみ，ゆっくりスライドさせる。

イ．3段階（160℃・180℃・200℃）の温度設定が可能／入力電圧Type-C DC 5 V・電流2 A／使用から30分で自動電源オフ／50秒で設定温度に到達／開閉ロック機能／USB充電／充電時間3時間

ウ．200×35×28mm（プレート68×14mm）

エ．コンパクトサイズで持ち運びに便利／すべりの良いセラミックコーティングプレートで髪を傷めない／マイナスイオンで静電気をおさえ，まとまるツヤ髪に／USB電源で外出先でも使用可能／海外対応

①……………… ②……………… ③……………… ④………………

教科書▶p.54〜55

第2節　プロダクトデザイン①

❶デザインの役割　❷プロダクトデザインのプロセス①

学習要項

⊙プロダクトデザインは，造形要素を詰めつつ，段階的に視覚化するプロセスである。

基本問題

問１　次の文章を読み，問いに答えなさい。

商品開発におけるデザインの役割は，商品企画書や商品仕様書をもとに，(　①　)を目にみえるよう視覚化したり，形で表現したりすることである。それを実現するために，(　②　)(使う人・みる人のための配慮)が重視される。(　②　)とは，いわゆる「使いやすさ」のことである。近年は，単にターゲット顧客だけでなく，幅広い顧客が使いやすい(　③　)が重要になってきている。

商品開発におけるデザインには，(　①　)をモノの形に具現化する(　④　)と，文字やイラスト，写真，色という視覚情報に具現化する(　⑤　)がある。商品本体のデザイン＝(　④　)であるといえるが，<u>商品のアイコンや色などの視覚表現</u>では，(　⑤　)が必要となる。

⑴　空欄①〜⑤にあてはまるものを，解答群からそれぞれ選びなさい。

【解答群】

ア．ユニバーサルデザイン　　イ．商品コンセプト　　ウ．プロダクトデザイン
エ．ユーザビリティ　　オ．グラフィックデザイン

①……　②……　③……　④……　⑤……

⑵　下線部を何というか，カタカナ12文字で記入しなさい。

……

問２　ユニバーサルデザインの説明として適切なものを，次のなかから一つ選びなさい。

ア．高齢者や障がいのある人などが不自由なく生活できるように，段差をなくすなど，障壁となるものを取り除くこと。

イ．平面上に文字や写真，イラスト，図，色などを表示することによって，商品に関する情報を他者に伝えるデザインのこと。

ウ．年齢や障がいの有無，体格，性別，国籍などにかかわらず，より多くの人びとが利用しやすいように設計されたデザインのこと。

……

応用問題

問1　次の(1)〜(4)に最も関係の深いものを解答群から選び，その記号を記入しなさい。

(1)サムネイルスケッチ　(2)ラフスケッチ　(3)レンダリング　(4)製図

【解答群】

ア．完成品に近いデザインを描くスケッチであり，パステルやカラーマーカーなどの画材を使用して専用紙に描いたりする他に，CG（コンピュータグラフィックス）によりテクスチャ表現や背景合成などをおこない，よりリアルな商品イメージをもてるようにする方法もある。

イ．三次元の立体的な形状を，二次元で表現する作業である。モノの形をわかりやすく表現し，伝えたい情報を正確に伝える表現技術としての役割がある。

ウ．商品のデザインのアイデアを考えるためにポイントとなるアイデアやイメージをメモ代わりに描くスケッチである。

エ．商品の全体像やデザインの意図，機能や動き，使われ方や場面などを伝えるために描くスケッチである。

(1)……………　(2)……………　(3)……………　(4)……………

問2　「プロダクトデザインのプロセス」の図の空欄にあてはまる，最も適切な語句を解答群から選んで記入しなさい。

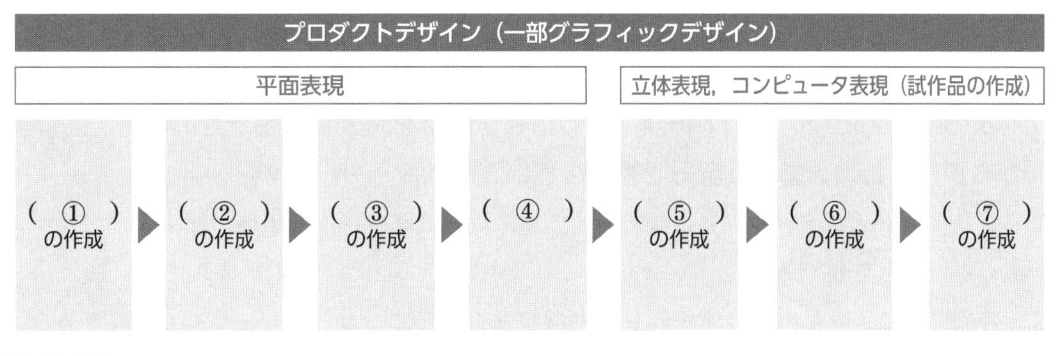

【解答群】

ア．モックアップ　イ．ラフスケッチ　ウ．サムネイルスケッチ　エ．製図
オ．レンダリング　カ．ラフモデル　キ．ワーキングモデル

①……………　②……………　③……………　④……………

⑤……………　⑥……………　⑦……………

教科書▶p.56～57

第2節　プロダクトデザイン②

❷プロダクトデザインのプロセス②　❸造形要素①

学習要項

⊙プロダクトデザインは，造形要素を詰めつつ，段階的に視覚化するプロセスである。

基本問題

問1　次の①～⑤の（　　）にあてはまるものを解答群から選びなさい。

(1)　立体表現では，実際の大きさや全体のバランスを検証する目的で，平面で制作したデザインを三次元にした（　①　）を作成する。

(2)　コンピュータ上の仮想の三次元空間に立体を表示し，立体的な設計をおこなうことができるソフトウェアを（　②　）という。

(3)　商品の構造のうち，静的構造には，骨格部材により構成される（　③　）構造と，卵や貝の殻のように曲面状の板で覆われる（　④　）構造がある。

(4)　（　⑤　）とは，商品の立体的な形状のことをいう。商品の（　⑤　）は商品コンセプトを具体的な形として表現したものである。

【解答群】

ア．3DCAD　　イ．フォルム　　ウ．ラフモデル　　エ．シェル　　オ．フレーム

①…………　②…………　③…………　④…………　⑤…………

問2　次の(1)～(4)について，下線部が正しいときは○を記入し，誤っているときは解答群から正しいものを選び，記号で答えなさい。

(1)　プロダクトデザインの視覚化にあたっては，流通経路や物流，<u>価格</u>に配慮したデザインを進めることも重要である。

(2)　<u>静的構造</u>は，商品内部の電子部品や素材などを外部の圧力から守るための構造である。単に強度の問題ではなく，デザイン性も求められる。

(3)　フォルムは，見かけが美しければそれでよいというわけではなく，商品コンセプトや商品仕様書にもとづき，技術や構造を検討しつつ，<u>ユニバーサルデザイン</u>（使いやすさ）や安全性などに配慮したデザインをおこなうことが大切である。

(4)　飛行機のフォルムは<u>空を飛ぶ鳥</u>の姿がもとになっている。

【解答群】

ア．魚や海の哺乳類　　イ．動的構造　　ウ．環境　　エ．ユーザビリティ

(1)…………　(2)…………　(3)…………　(4)…………

教科書▶p.58～59

第2節　プロダクトデザイン③

❸ 造形要素②

学習要項

◉ プロダクトデザインは，造形要素を詰めつつ，段階的に視覚化するプロセスである。

基本問題

問　次の文章で正しいものには○を，誤っているものには×を記入しなさい。

(1)　フォルムが同じであっても，使用する素材が変われば見た目の印象だけでなく重さや強度，使用感なども変わるため，商品コンセプトを表現できる素材を選択する必要がある。

(2)　椅子のように背板，座面，脚など複数の部位からなるモノの場合，各部位ごとに役割が異なるが，すべての部位で同じ素材を使用した方がよい。

(3)　商品の操作方法の説明などに用いられるアイコンやピクトグラムは，あくまで補助的なものなので，すべての人がひと目で操作方法や使用方法などを理解できるようなデザインにする必要はない。

(4)　商品の色は，視認性を高め，注意事項などを喚起するものであり，一般的に，注意や危険を喚起する場合には赤や紫が使われ，安全には黄色や緑が使われる。

(1)……………　(2)……………　(3)……………　(4)……………

応用問題

問　次の(1)～(4)の説明として適切なものを解答群から選び，その記号を記入しなさい。

(1)シンボルマークやロゴ　(2)アイコンやピクトグラム　(3)テクスチャ　(4)パターン

【解答群】

ア．商品表面の質感のことで，すべりの良い手触りやざらついた手触りなどのように，触感で感じられる質感と，光沢感や木目模様，革模様などのように，視覚で感じられる質感を表現することができる。

イ．企業名やブランド名，商品名を表現するもの。

ウ．同じ絵柄や図形などを規則的に繰り返して配置した模様のこと。

エ．情報を図形化して，操作方法や注意を促すもの。

(1)……………　(2)……………　(3)……………　(4)……………

教科書▶p.60〜63

第2節　プロダクトデザイン④〜⑤

❸ 造形要素③

学習要項

⊙ プロダクトデザインは，造形要素を詰めつつ，段階的に視覚化するプロセスである。

基本問題

問1　次の①〜⑤の（　　　）にあてはまるものを解答群から選びなさい。

(1)　色は，色相・明度・彩度という三つの性質をもっており，これらを（　①　）という。

(2)　色相が連続して変化していくように環状に並べたものを（　②　）という。

(3)　色相環で正反対の位置にある色のことを（　③　）という。（　③　）の関係にある色どうしは，色相の差が最も大きいため，組み合わせることで互いの色を目立たせる効果がある。

(4)　温度を感じさせない色として（　④　）が存在する。これには緑や紫の系統の色が含まれ，組み合わせる色によって印象が左右されるといわれている。

(5)　白，黒，灰色などは彩度をもたないため，（　⑤　）と呼ばれる。

【解答群】

ア．無彩色　　イ．色相環　　ウ．色の三属性　　エ．補色　　オ．中性色

①.................　②.................　③.................　④.................　⑤.................

問2　次の(1)〜(5)について，下線部が正しいときは○を記入し，誤っているときは解答群から正しいものを選び，記号で答えなさい。

(1)　<u>色相</u>とは，赤，青，緑，黄のような色味の性質のことである。

(2)　赤や黄色などの色は太陽や火を連想させるため，<u>寒色</u>と呼ばれる。

(3)　明度が<u>低い</u>色は，軽い印象や，やわらかい印象を与えやすい。

(4)　同じ赤でも彩度が<u>高い</u>と鮮やかな赤，その反対だと，灰色に近いくすんだ赤になる。

(5)　背景と文字（または模様）の色の明度差が<u>大きい</u>場合，色相差が大きくても視認性が低くなる。

【解答群】

ア．明度　　イ．高い　　ウ．小さい　　エ．彩度　　オ．低い　　カ．暖色

(1).................　(2).................　(3).................　(4).................　(5).................

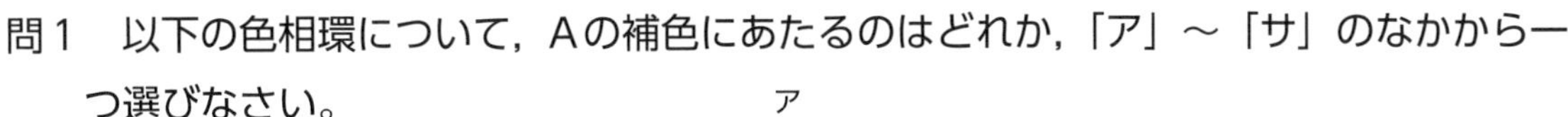

応用問題

問１　以下の色相環について，Aの補色にあたるのはどれか，「ア」～「サ」のなかから一つ選びなさい。

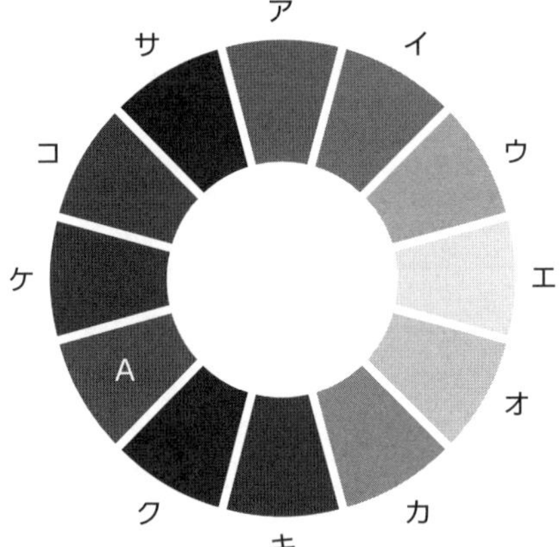

……………

問２　次の⑴～⑸の説明として適切なものを解答群から選び，その記号を記入しなさい。

⑴配色　⑵セパレーション　⑶PCCS　⑷トーン　⑸グラデーション

【解答群】

ア．見分けづらい二色の境界に別の色をはさむことで調和をはかる方法。

イ．二色以上の色を組み合わせること。

ウ．色を段階的に変化させていく表現方法。

エ．日本色彩研究所によって開発されたカラーシステムの名称。

オ．明度と彩度の組み合わせであらわされる色の調子のこと。

⑴……………　⑵……………　⑶……………　⑷……………　⑸……………

発展問題

問　次の文章の空欄にあてはまる語句を解答群から一つずつ選び，記号を記入しなさい。

（　①　）とは色味の違いであり，代表的な（　①　）には，赤，橙（オレンジ），黄，緑，青，紫がある。また，これらをさらに細かく分けたものには，黄と緑の中間にあたる「黄緑」や，青と緑の中間である「青緑」，青みのある紫の「青紫」，赤みのある紫の「赤紫」などもある。これらの色相のうち，赤，橙，黄などは（　②　），青，青緑，青紫などは（　③　），その他の黄緑，緑，紫，赤紫などが（　③　）と呼ばれる。

【解答群】

ア．中性色　イ．色相　ウ．寒色　エ．暖色

①……………　②……………　③……………　④……………

第3節　試作品の作成と評価①

❶試作品の作成

学習要項

⦿商品の設計などに問題がないか確認するために，試作品を作成する。

基本問題

問1　次の①～⑤の（　　）にあてはまるものを解答群から選びなさい。

(1)　商品開発においては，商品の設計が商品コンセプトや仕様を実現できているか，製造の過程で手順や工程に不都合がないかなどを確認するために，（　①　）を作成する。

(2)　試作品作成の初期段階では，立体（三次元）スケッチやペーパーモデルなどの（　②　）が用いられる。

(3)　（　③　）は，スチレンボードやケント紙，プラスチック板などの紙やボードを使って組み立てるモデルである。

(4)　主に，工業製品などの外観の検討や機能の確認のために試作される，実物に似せた模型のことを（　④　）という。

(5)　（　⑤　）では，形状だけでなく，素材・安全性・耐久性・コスト試算などが幅広く検討される。

【解答群】

ア．ペーパーモデル　　イ．モックアップ　　ウ．試作品

エ．ラフモデル　　オ．ワーキングモデル

①……………　②……………　③……………　④……………　⑤……………

問2　次の(1)～(4)について，下線部が正しいときは○を記入し，誤っているときは解答群から正しいものを選び，記号で答えなさい。

(1)　試作品を作成し検証や改善などをおこなうことを<u>プロダクトデザイン</u>という。

(2)　ラフモデルは，<u>全体のサイズ感や使い勝手</u>を検討するために作成される。

(3)　モックアップは，<u>機能や動き</u>を検討するために作成される。

(4)　ワーキングモデルは，<u>外観や機能</u>を検討するために作成される。

【解答群】

ア．全体のサイズ感や使い勝手　　イ．外観や機能

ウ．プロトタイピング　　エ．機能や動き

(1)……………　(2)……………　(3)……………　(4)……………

第3節　試作品の作成と評価②

❷試作品の評価

学習要項

⊙試作品テストには，企業内部でおこなうテストと，消費者に対しておこなうテストがある。

基本問題

問　次の①〜④の（　　　）にあてはまるものを解答群から選びなさい。

(1)　企業内部での試作品テストは，（　①　）とも呼ばれ，企業や外部の実験室で，主に試作品が仕様書で要求される機能を満たしているかを検証する。

(2)　シャンプーや化粧品など，一定期間の利用をしないと評価できない商品は，自宅で一定期間試してもらう（　②　）が利用される。

(3)　企業名やブランド名に影響されないように，商品名を隠したうえで実施する（　③　）が利用される場合もある。

(4)　消費者に対しておこなわれるテストのことをまとめて（　④　）と呼ぶ。

【解答群】

ア．消費者テスト　　イ．機能テスト

ウ．ブラインド・テスト　　エ．ホーム・ユース・テスト

①……………　②……………　③……………　④……………

応用問題

問「試作品の作成と評価のステップ例」の図の空欄にあてはまる，最も適切な語句を解答群から選んで記入しなさい。

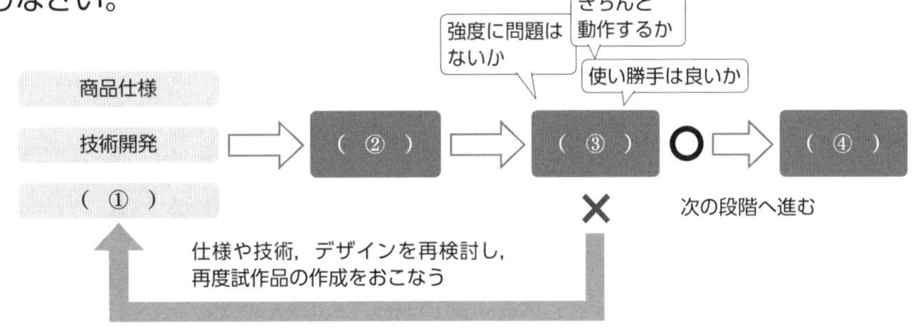

【解答群】

ア．試作品テスト　　イ．パッケージ制作など

ウ．試作品の作成　　エ．プロダクトデザイン

①……………　②……………　③……………　④……………

第4節　商品のネーミングとパッケージの制作・評価

❶商品のネーミングと評価　❷商品パッケージの制作と評価

学習要項

⊙商品本体の開発がある程度進んだら，商品のネーミングやパッケージの制作・評価をおこなう。

基本問題

問　次の①～⑤の（　　　）にあてはまるものを解答群から選びなさい。

(1)（　①　）の過程では，商品のコンセプトや特徴，類語，英語などの多国語への読みかえなど関連するキーワードを出し，言葉を選んだり，組み合わせたりする作業をおこなう。

(2)　商品を装飾したり保護したりするための包装や容器のことを（　②　）という。

(3)　パッケージには，商品の保護や（　③　）のほかに，商品の利便性や（　④　）を高める役割がある。

(4)　パッケージの形や素材などが決まったら，まず，パッケージの各面に対して，情報機能を振り分ける（　⑤　）をおこなう。

【解答群】

ア．付加価値　イ．パッケージ　ウ．ゾーニング　エ．ネーミング　オ．情報の提供

①………　②………　③………　④………　⑤………

応用問題

問１　次の(1)～(4)のパッケージ素材の説明として適切なものを，解答群からそれぞれ選びなさい。

(1)紙　(2)缶　(3)びん　(4)プラスチック

【解答群】

ア．中身がみえ，液体や気体を漏らすことがなく，長期保存が可能である。

イ．やわらかいため自由に加工，着色しやすく軽量であるため，多く利用されている。

ウ．商品にあわせた形の加工や印刷が可能であり，軽量で耐久性がある。

エ．輸送や取り扱い時の衝撃から内容物を守り，湿気や光による変化を防ぐ。また，リサイクルにも優れている。

(1)………　(2)………　(3)………　(4)………

問２　次の(1)～(3)の説明として適切なものを，解答群からそれぞれ選びなさい。

(1)単独テスト　　(2)相対テスト　　(3)シェルフテスト

【解答群】

ア．複数のパッケージ案を同時にみせて，選好や購入意向の順番をたずねて確認する。

イ．複数のパッケージ案の実物に似せたモックアップを順に提示して，コンセプト理解度や選好度，購入意向などの５段階の質問や好きな点や嫌いな点を自由回答でたずねる。

ウ．会場に模擬棚を用意してパッケージ案のモックアップと競合品を並べ，棚をみてもらい，覚えている商品をあげてもらい銘柄想起できるかを自由回答でたずねる。

(1)……………　(2)……………　(3)……………

問３　次の(1)～(4)について，最も関係の深い図と説明文を，解答群Aと解答群Bからそれぞれ選びなさい。

(1)近接の原則　　(2)整列の原則　　(3)強弱の原則　　(4)反復の原則

【解答群Ａ】

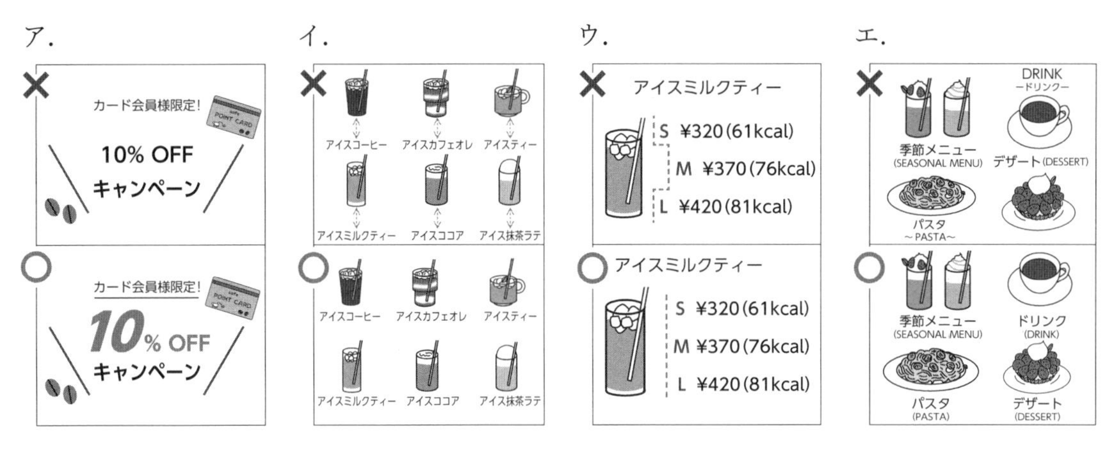

【解答群Ｂ】

ⅰ．文字の大きさに差をつけたり部分的に色を変えたりするなど，情報に強弱をつける。

ⅱ．図や文字を配置する際には，位置をそろえる。

ⅲ．サイズ，形，色，書体，写真，図版などを同じルールに従って繰り返しレイアウトする。

ⅳ．同一のグループの要素を近くに配置し，関連性の低い要素は離す。

(1) A:………… B:…………　(2) A:………… B:…………

(3) A:………… B:…………　(4) A:………… B:…………

教科書▶p.80〜81

第5節　最終試作品テストと商品の完成

❶最終試作品テスト　❷商品仕様・詳細設計の決定　❸商品の完成

学習要項

⊙ 商品の開発段階の最終関門である最終試作品テストでは，商品総合力の評価をおこなう。

基本問題

問　次の①〜⑨の（　　　）にあてはまるものを解答群から選びなさい。

⑴　商品名と商品パッケージのテストを通過したら，商品の開発段階の最終関門である（　①　）をおこなう。（　①　）では，商品本体，商品名，パッケージがそろった最終商品と同じ状態となるため，商品総合力の評価が可能となる。

⑵　すでに試作品テストで実施したように，最終試作品を利用，試飲，試食してもらい（　②　）等を尋ねる質問票調査が，ホーム・ユース・テストや（　③　）により実施される。

⑶　最終試作品のテストの結果，合格基準を超える評価の場合は，商品開発の最終関門を「（　④　）」する。一方，合格基準に満たない場合は，その評価の内容により，前のプロセスに戻って「（　⑤　）」，この状態で「（　⑥　）」，あるいは商品開発の「（　⑦　）」という判断がなされる。

⑷　最終試作品テスト通過後，その仕様をもとに（　⑧　）が確定される。（　⑧　）や，プロダクトデザインや試作品作成，パッケージ制作で検討された詳細設計をもとに，（　⑨　）が作成され，製造のための図面も作図される。

【解答群】

ア．やり直し　イ．購入意向　ウ．最終試作品テスト　エ．通過　オ．保留
カ．会場テスト　キ．中止　ク．詳細設計書　ケ．商品仕様書

①……　②……　③……　④……　⑤……

⑥……　⑦……　⑧……　⑨……

応用問題

問1　次の文章で正しいものには○を，誤っているものには×を記入しなさい。

(1)　最終試作品テストでは，最終試作品を利用，試飲，試食してもらい購買意向等を尋ねる質問票調査によって実施され，テスト結果が合格基準を満たしていたら，商品パッケージの制作に進む。

(2)　最終試作品テストは，インタビュー調査や会場テストにより実施される。

(3)　最終試作品テストで合格基準に満たない場合は，その商品の開発が中止となる。

(4)　詳細設計書には，商品の具体的な構造や製造方法の他に，製造に必要な資材や部品，使用方法や安全性，保守や廃棄方法などについても記載される。

(1)………　(2)………　(3)………　(4)………

問2　「最終試作品テスト」の図の空欄にあてはまる，最も適切な語句を解答群から選んで記入しなさい。

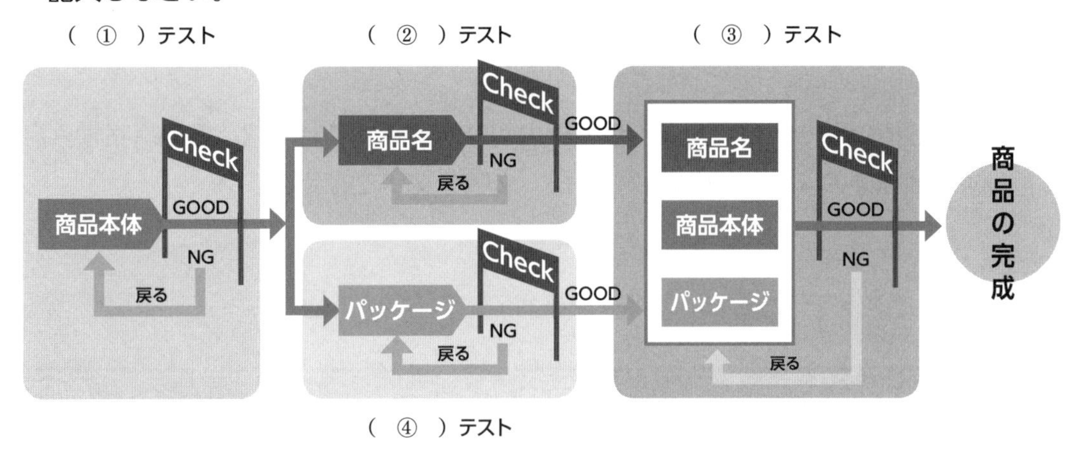

【解答群】

ア．パッケージ　　イ．ネーミング　　ウ．最終試作品　　エ．試作品

①………　②………　③………　④………

第6節　知的財産の登録①

❶ 知的財産権の基礎

学習要項

⊙ 主な知的財産権には，特許権，実用新案権，意匠権，商標権，著作権がある。

基本問題

問１　次の①〜⑤の（　　　）にあてはまるものを解答群から選びなさい。

知的財産権には，発明を保護する（　①　），物品の形状等の考案を保護する（　②　），物品のデザインを保護する（　③　），商品やサービスで使用するロゴなどを保護する（　④　），文芸，学術，美術，音楽，プログラムなどの精神的作品を保護する（　⑤　）などがある。

【解答群】

ア．意匠権　　イ．実用新案権　　ウ．特許権　　エ．著作権　　オ．商標権

①……………　②……………　③……………　④……………　⑤……………

問２　知的財産権のうち，特に産業上の無形の利益を保護する特許権，実用新案権，意匠権および商標権の４つは何と呼ばれるか，漢字５文字で答えなさい。

……………………………………

応用問題

問１　次の⑴〜⑷の説明として適切なものを解答群から選び，その記号を記入しなさい。

⑴知的財産　　⑵意匠　　⑶商標　　⑷著作物

【解答群】

ア．思想または感情を創作的に表現したものであって，文芸，学術，美術または音楽の範囲に属するもの。

イ．自社の商品やサービスを他の企業の商品やサービスと区別するために用いられる文字や図形，記号や立体的形状や音などのこと。

ウ．人間の知的創造活動によって生みだされたアイデアやデザイン，技術などの無形のもので，経済的利益をもたらすもの。

エ．物品の形状や模様，色彩またはこれらの結合であって，視覚を通じて美的感覚を生じさせ

るもの。

(1)………………　(2)………………　(3)………………　(4)………………

問２　「主な知的財産権」の表の空欄にあてはまる，最も適切な語句を解答群から選んで記入しなさい。なお，同じ選択肢を2回選んでもよい。

種類	保護対象	保護期間	出願先
（　①　）権	新しい技術的アイデア（発明） 「物」「方法」「物の生産方法」の三つのタイプがある	出願から（　⑥　）年 （一部25年に延長）	（　⑪　）
（　②　）権	小発明とよばれる考案	出願から（　⑦　）年	
（　③　）権	物の形状，模様など斬新なデザイン（（③））	出願日から（　⑧　）年	
（　④　）権	自分が取り扱う商品やサービスと，他人が取り扱う商品やサービスとを区別するためのマーク	登録から（　⑨　）年 （更新登録制度あり）	
（　⑤　）権	思想または感情を創作的に表現したもので，文芸，学術，美術，音楽の範囲に属するもの（コンピュータプログラムも含む）	原則創作時から著作者の死後（　⑩　）年 （法人著作は公表後（　⑩　）年）	（　⑫　）

【解答群】

ア．必要なし　　イ．10　　ウ．特許　　エ．商標　　オ．特許庁　　カ．25　　キ．意匠
ク．70　　ケ．著作　　コ．20　　サ．実用新案

①………………　②………………　③………………　④………………　⑤………………　⑥………………
⑦………………　⑧………………　⑨………………　⑩………………　⑪………………　⑫………………

発展問題

問　次の文章を読み，問いに答えなさい。

（　　　）とは，人間の知的創造活動によって生みだされたアイデアやデザイン，技術などで，財産的な価値を持つもののことをいう。この（　　　）を，創造した人の財産として保護し，他人に無断で利用されないようにする権利を（　　　）権という。（　　　）権には，特許権，実用新案権，意匠権，商標権，著作権などがある。

(1)　文章中の空欄にあてはまる語句を漢字４文字で記入しなさい。

………………………………

(2)　下線部の存続期間の内容として，次のなかから正しいものを一つ選びなさい。

ア．存続期間は10年で，更新することができる。
イ．存続期間は20年で，更新することができない。
ウ．存続期間は50年で，更新することができない。

………………

教科書▶p.84～87

第6節　知的財産の登録②～③

❷知的財産の登録　❸ビジネスにおける知的財産の活用

学習要項

⊙商品のアイデアやデザイン，技術などが模倣されないように，知的財産権の登録制度を活用する。

基本問題

問　次の①～⑦の（　　）にあてはまるものを解答群から選びなさい。

(1)　出願したい発明や商標などについて，すでに他人によって出願されているときは登録を受けることができないだけでなく，無断で使用すると権利の侵害となる可能性もある。そこで企業は特許情報を利用して，出願前に（　①　）を実施する。

(2)　知的財産権を取得するためには，登録に必要な書類を作成し，（　②　）に提出する必要がある。通常この手続きは，専門家である（　③　）に依頼することが多い。

(3)　特許権を取得するためには，登録したい発明の内容などを記入した書類をそえて特許願と共に特許庁に提出する。これを（　④　）という。（　④　）のあと，審査請求をおこない，特許庁では提出された書類の書式などを審査する（　⑤　）と発明の内容に新規性や進歩性があるかどうかなどの（　⑥　）がおこなわれる。

(4)　実用新案権を取得するためには，登録したい考案の内容などを記入した書類をそえて実用新案登録願と共に特許庁に提出する。出願のあと，方式審査と（　⑦　）がおこなわれる。

【解答群】

ア．方式審査　イ．特許出願　ウ．特許庁　エ．弁理士

オ．実体審査　カ．基礎的要件審査　キ．先願調査

①…………　②…………　③…………　④…………

⑤…………　⑥…………　⑦…………

応用問題

問　「特許審査の流れ」の図の空欄にあてはまる，最も適切な語句を解答群から選んで記入しなさい。

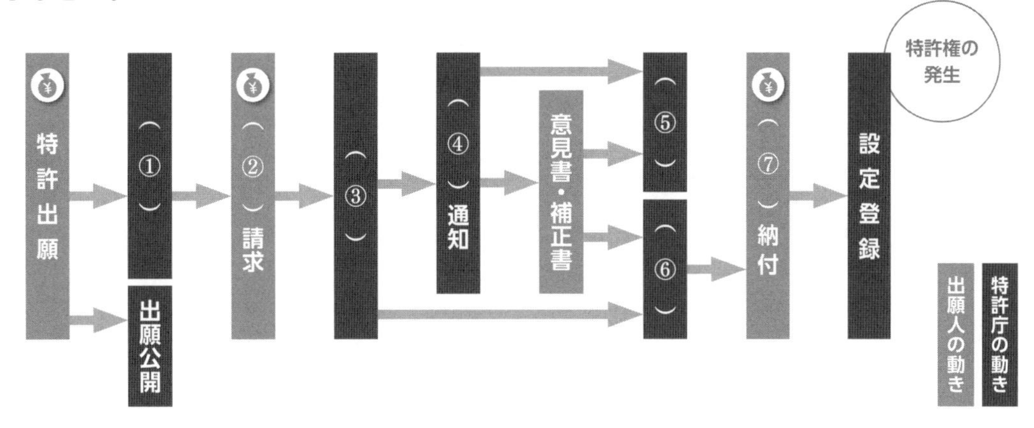

【解答群】

ア．拒絶査定　　イ．出願審査　　ウ．実体審査　　エ．特許査定

オ．登録料　　カ．方式審査　　キ．拒絶理由

①……………　②……………　③……………　④……………

⑤……………　⑥……………　⑦……………

発展問題

問　次の文章を読み，問いに答えなさい。

産業財産権の取得にあたっておこなわれる審査には，主に方式審査と実体審査がある。これらのうち，（　　　）審査では，出願された内容に対して，新規性や進歩性があるか，すでに登録されているものと類似していないか，識別性のある内容かなどが審査される。ただし，なかには，設定登録にあたって（　　　）審査がおこなわれないものもある。

(1)　文章中の空欄にあてはまる語句を記入しなさい。

……………………

(2)　下線部が示す産業財産権として適切なものを次のなかから選びなさい。

ア．特許権　　イ．実用新案権　　ウ．意匠権　　エ．商標権

……………

教科書▶p.94～95

第 1 節　事業計画の立案

❶ 事業計画の立案　❷ 販売計画と需要予測

学習要項

⊙ 事業計画書は，新商品を実際に生産して発売して良いかを判断するための計画書である。

基本問題

問　次の文章の空欄にあてはまる語句を解答群から一つずつ選び，記号を記入しなさい。

事業計画では，まず，新商品の（　①　）にもとづき，売上目標高の設定などの（　②　）を立案する。そして，その（　②　）をもとに（　③　）を立案する。この（　③　）では，商品企画書の段階で作成した「誰に（ターゲット顧客），何を（便益），どのように（商品，価格, 流通経路, プロモーション）提供するか」という計画について再検討をおこなう。（　④　）では，販売計画にもとづき，生産数量や納期，資材，部品，人員，生産設備などに関する計画を立案する。また,（　⑤　）では，新商品の事業を進めるうえで必要となる資金について，計画を立案する。

【解答群】

ア．財務計画　イ．マーケティング計画　ウ．販売計画　エ．需要予測
オ．生産計画

①……………　②……………　③……………　④……………　⑤……………

応用問題

問 1　「需要予測」の表の空欄にあてはまる，最も適切な語句を解答群から選んで記入しなさい。

（　①　）	二次データやインターネットサーベイなどの市場調査から規模を特定する。
（　②　）	入手可能率。全国津々浦々の店舗に品ぞろえできるとすれば100%となる。
（　③　）	実施予定のプロモーションで，どれくらい消費者に認知されるのかを過去の実績等より算出する。既存ブランドや商品であれば，その認知率も参考にする。
（　④　）	最終試作品テストなどによって調査した購入意向（たとえば，5：絶対に購入する，4：購入する，3:どちらでもない，2:購入しない，1:絶対に購入しない）のトップボックス（5）またはトップ2ボックス（5と4）の回答率。
（　⑤　）	コンセプト・テストや試作品テスト，二次データなどにより調査する。
（　⑥　）	マーケティング計画で想定される小売価格。

【解答群】

ア．配荷率　イ．購入意向　ウ．ターゲット顧客数　エ．小売価格

オ．認知率　　カ．購入頻度

①……………　②……………　③……………　④……………　⑤……………　⑥……………

問２　ターゲット顧客数100万人，購入頻度年間10個，購入意向75%，小売価格300円，認知率15%，配荷率10%の商品の売上目標額はいくらになるか，計算しなさい。

……………………………

発展問題

問　次の文章を読み，問いに答えなさい。

（　①　）とは，「いくらの商品をどれだけ売り，どのくらいの売上高を目指すのか」を決めていく計画である。（　①　）の作成にあたっては，新商品の<u>需要予測</u>にもとづき今後３年から５年にかけての目標売上高等を策定することが求められる。（　②　）量が（　③　）量を上回る売り手市場においては，商品を生産すれば売れるため生産計画が（　①　）となるが，今日のように生産量が消費量を上回る買い手市場では，生産された商品がすべて売れるとは限らない。そこで需要予測が大切となってきている。

⑴　空欄①にあてはまる語句を次のなかから選びなさい。

ア．マーケティング活動　　イ．財務計画　　ウ．販売計画

……………

⑵　空欄②と③にあてはまる語句の組み合わせとして適切なものを次のなかから選びなさい。

ア．②生産　③消費　　イ．②消費　③生産

……………

⑶　下線部の説明として適切なものを次のなかから一つ選びなさい。

ア．将来の特定の期間に発生する総需要量の予測をいうもので，通常１年単位で，ターゲット顧客数，配荷率，認知率，購入意向，購入頻度，小売価格の６つの数字を掛け合わせて算出する。

イ．販売計画にもとづき，最終的には利益を確保することを目的として，生産数量や納期，資材，部品，人員，生産設備に関する計画を立案すること。

ウ．販売計画にもとづき，「誰に（ターゲット顧客），何を（商品の便益），どのように（商品，価格，流通経路，プロモーション）提供するか」を検討すること。

……………

教科書▶p.96～97

第2節　マーケティング計画（価格）①

❶ 価格の計画

学習要項

⦿ 商品は，価格設定の方法しだいで売れ行きが左右される。

基本問題

問1　次の①～⑤の（　　　）にあてはまるものを解答群から選びなさい。

(1)（　①　）とは，店頭価格のことで，小売業者は自由に決定できる。メーカーは参考値として希望（　①　）を示す場合がある。

(2)（　②　）は，製造原価や販売にかかわるさまざまなコストに一定の利益を上乗せして価格とする方法である。

(3) 製造原価（あるいは仕入価格）に対して，販売にかかわるさまざまなコストと利益を加えた利幅の割合を（　③　）という。

(4)（　④　）は，仕入原価に一定の利益を上乗せして販売価格とする価格設定方法であり，主に小売業や卸売業で用いられる。

(5) 価格に対する，販売にかかわるさまざまなコストと利益を加えた利幅の割合を（　⑤　）という。

【解答群】

ア．利幅率　　イ．コスト・プラス法　　ウ．小売価格　　エ．マーク・アップ法

オ．値入率

①……………　②……………　③……………　④……………　⑤……………

問2　次の文章で正しいものには○を，誤っているものには×を記入しなさい。

(1) 良い商品であれば，どんな価格でも買ってもらうことができる。

(2) 価格の設定にあたっては，コスト面に加えて，競争や需要といった市場環境が加味される。そのため，企業は，価格戦略を明確に定めておかなければならない。

(3) コスト・プラス法では，商品が順調に売れたからといって必ず一定の利益を確保できるとは限らない。

(4) 価格設定の方法には，顧客層や時間帯，場所，時期などによる需要の変化にあわせて価格を上げたり下げたりする方法もある。

(5) 競争志向型価格設定法では，競合企業と同程度か，それよりも高い価格を設定する。

(1)……………　(2)……………　(3)……………　(4)……………　(5)……………

応用問題

問　次の(1)〜(3)について，最も関係の深い図と説明文を，解答群Aと解答群Bからそれぞれ選びなさい。

(1)競争志向型価格設定法　(2)コスト志向型価格設定法　(3)需要志向型価格設定法

【解答群A】

ア．

イ．

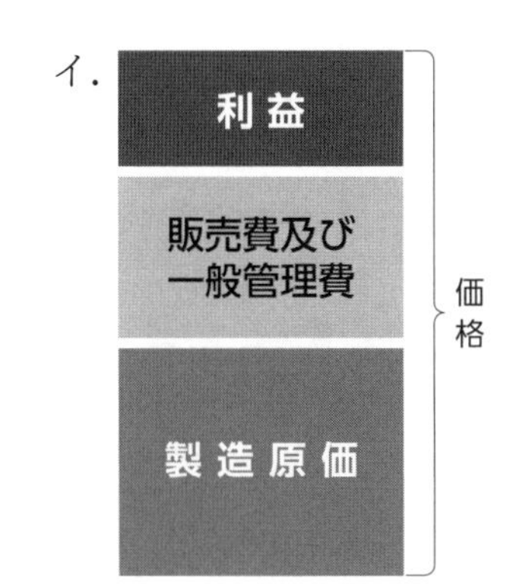

ウ．

【解答群B】

i．製造原価や販売にかかわる費用など，商品を生産する際にかかったコストに一定の利益を上乗せして価格を設定する方法。

ii．競合企業の価格を参考にして，利幅率が悪くなっても，価格競争に負けないように商品の小売価格（あるいは卸売価格）を設定する方法。

iii．「顧客は，この商品をいくらなら買ってよいと思っているか」を考えて値ごろ感のある価格を設定する方法。

(1) A：………… B：…………　(2) A：………… B：…………　(3) A：………… B：…………

発展問題

問1　競合他社と同質または似かよった商品を販売している場合に，競合他社の価格を基準として自社商品の価格を設定する価格戦略を何というか。漢字10文字で記入しなさい。

…………………………

問2　顧客層や時間帯，場所，時期などによる需要の変化に合わせた価格設定をおこなう価格戦略を何というか。漢字10文字で記入しなさい。

…………………………

第2節　マーケティング計画（価格）②

❷価格の決定に影響する要因

学習要項

⊙一般に，商品に対する需要と供給の関係で価格は決定される。

基本問題

問　次の①～⑤の（　　　）にあてはまるものを解答群から選びなさい。

(1)　ある商品に対して（　①　）が（　②　）よりも多ければ価格は上がり，逆に（　②　）が（　①　）よりも多ければ価格は下がる。

(2)　需要と供給が一致したところで，（　③　）は形成される。

(3)　一般に（　④　）とはある価格のもとで消費者が買いたいと思う量のことをいう。

(4)　需要曲線と供給曲線が交わる点での価格を（　⑤　）という。

(5)　ある商品の価格が変化したときに，需要がどれだけ変化するかの度合いを示す数値を（　⑥　）という。

【解答群】

ア．需要の価格弾力性　　イ．供給　　ウ．均衡価格　　エ．需要量

オ．需要　　カ．市場価格

①………　②………　③………　④………　⑤………　⑥………

応用問題

問１　「ビジネスの諸活動」の図の空欄にあてはまる，最も適切な語句を解答群から選んで記入しなさい。なお，同じ選択肢を何度選んでもよい。

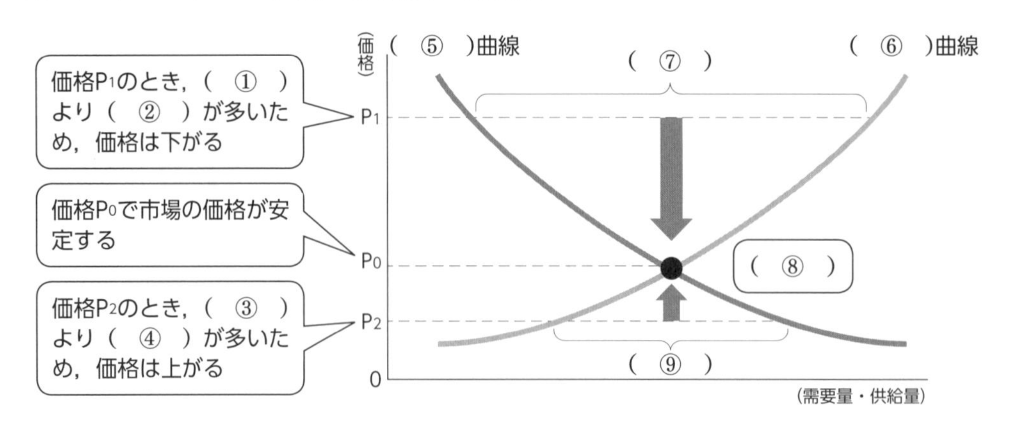

【解答群】

ア．需要　　イ．供給　　ウ．均衡価格　　エ．超過供給　　オ．超過需要

①………　②………　③………　④………　⑤………　⑥………　⑦………　⑧………　⑨………

問２　次のグラフは，ある商品の需要の価格弾力性をあらわしている。このグラフについて説明した文章の空欄にあてはまる数字を記入しなさい。

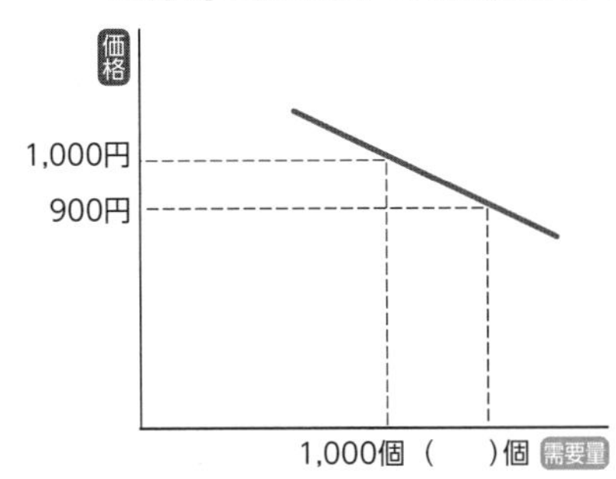

需要の価格弾力性が－２の場合，1,000円で（　①　）個売れている商品を（　②　）%値下げすれば,（　③　）個売れる。

①………………　②………………　③………………

発展問題

問１　市場に多数の売り手と多数の買い手が存在している場合, 商品やサービスの価格は, 需要と供給の関係によって上下する。需要量にくらべて供給量が多いと価格は下がり, 逆に供給量が少ないと価格は上がる。このように，商品やサービスが市場で売買されるなかで形成される価格を何というか。漢字４文字で答えなさい。

……………………………………

問２　次の図のなかで価格が80円のときの③を超過供給というが，この説明として適切なものを解答群から選びなさい。

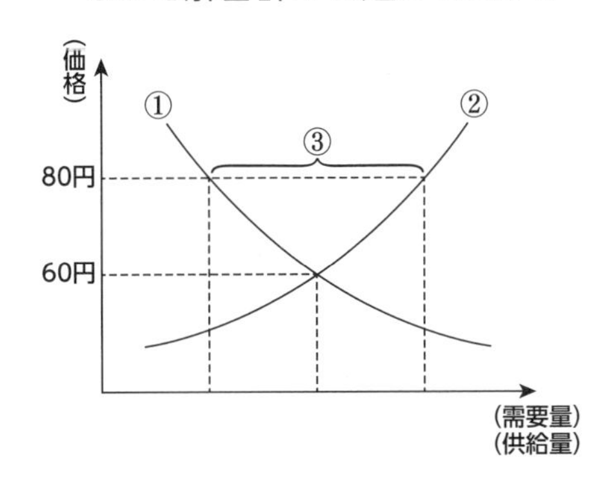

【解答群】

ア．商品の製造量よりも商品を欲しいと思っている人の数の方が多い。

イ．商品の製造量が商品を欲しいと思っている人の数よりも多い。

ウ．商品の製造量と商品を欲しいと思っている人の数がつりあっている。

………………

教科書▶p.100～101

第２節　マーケティング計画（価格）③

❸ 価格戦略の動向と課題

学習要項

◉ 新商品導入時の価格戦略には，あえて高い価格を設定したり，逆に安くしたりする戦略などがある。

基本問題

問　次の①～⑤の（　　　）にあてはまるものを解答群から選びなさい。

⑴　新商品を市場に導入する際に，早期に市場シェアを高めるために低価格で販売する価格戦略を（　①　）という。

⑵　新商品を市場に導入する際に，あえて高い価格を設定し，徐々に引き下げていく価格戦略を（　②　）という。

⑶　需要の状況によって柔軟に価格を変更する価格戦略を（　③　）という。

⑷　一定期間にわたり一定の金額を支払うと特定のサービスなどを利用できる価格戦略を（　④　）という。

⑸　生産規模を大きくすることで，商品単位あたりのコストが下がることを（　⑤　）という。

【解答群】

ア．規模の経済性　　イ．ダイナミック・プライシング　　ウ．上澄み吸収価格戦略

エ．市場浸透価格戦略　　オ．定額制

①……………　②……………　③……………　④……………　⑤……………

応用問題

問　次の⑴～⑷の具体例として適切なものを，解答群から選びなさい。

⑴上澄み吸収価格戦略　⑵市場浸透価格戦略　⑶ダイナミック・プライシング　⑷定額制

【解答群】

ア．新技術を使った最新家電を，発売当初は高価格で販売し，競合商品が現れはじめると，徐々に値段を引き下げて販売した。

イ．テーマパークの入場チケットの価格について，祝日や長期休暇の期間は高めに設定し，平日などは低めに設定する。

ウ．新発売のお菓子を，初回納品分は90円で販売し，２回目以降は110円で販売する。

エ．毎月一定額を支払うと，自分の好みに合わせたお菓子が毎月送られてくるサービス。

⑴……………　⑵……………　⑶……………　⑷……………

教科書▶p.102~103

第3節　マーケティング計画（流通経路）①

❶ 流通経路の計画①

学習要項

⊙ 商品を販売するうえでは，適切な流通経路の選定が重要となる。

基本問題

問　次の(1)～(4)について，正しいものには○を，誤っているものには×を記入しなさい。

(1)　どんなに良い商品であっても，ターゲット顧客と商品コンセプトや商品特性に合った流通経路を選ばないと，顧客の手に届きにくくなり，売れないことになる。

(2)　ターゲット顧客の手に届く場所に品ぞろえできる割合は，需要予測で学んだ認知率である。

(3)　ターゲット層の購買行動は急激に変化するものではないため，流通経路の選定においては，過去の経験のみをもとに判断すればよい。

(4)　ターゲット顧客にもとづいた流通経路の選定においては，まず，人口統計的な基準や，地理的な基準，社会心理的な基準，行動的な基準などのセグメンテーションにより設定されたターゲット顧客が集まる小売店舗を選定する必要がある。

(1)………　(2)………　(3)………　(4)………

発展問題

問　次の文章を読み，下線部の具体例として最も適切なものを解答群から選びなさい。

ターゲット顧客にもとづいた流通経路の選択は，人口統計的な基準や地理的な基準，年齢や性別，嗜好，ライフスタイルなどにより市場を細分化したうえで，商品コンセプト，商品特性を踏まえて，<u>ターゲット顧客が多く利用する小売店舗などを選択する</u>。

【解答群】

ア．高級志向の30代女性をターゲットとし，流通経路には低価格販売をおこなうディスカウントストアを選択する。

イ．健康志向の高齢者をターゲットとし，流通経路にはスマートフォンアプリを利用したショッピングサイトを選択する。

ウ．日常的に使用する文房具を購入したい中高生をターゲットとし，流通経路には百貨店を選択する。

エ．仕事帰りに弁当を購入する30代男性をターゲットとし，流通経路にはコンビニエンスストアを選択する。

………

教科書▶p.104～105

第3節　マーケティング計画（流通経路）②

❶ 流通経路の計画②

学習要項

⊙ 最寄品，買回品，専門品に適した流通経路の設定が重要である。

基本問題

問１　次の①～⑤の（　　　）にあてはまるものを解答群から選びなさい。

⑴　流通業者を限定せず，できるだけ多くの販売先に自社商品を流通させる政策を（　①　）政策という。

⑵　取引をおこなう流通業者を限定し，専属契約を締結して独占的に自社商品を流通させる政策を（　②　）政策という。

⑶　取引をおこなう際に一定の条件を設定し，その条件に合致した流通業者のみに商品を流通させる政策を（　③　）政策という。

⑷　卸売業者や小売業者をまとめて（　④　）という。

⑸　商品には，最寄品，買回品，専門品などの分類があり，それぞれの特性に適した流通経路を設定することを（　⑤　）政策と呼ぶ。

【解答群】

ア．チャネル　　イ．選択的チャネル　　ウ．流通業者　　エ．開放的チャネル
オ．排他的チャネル

①………　②………　③………　④………　⑤………

問２　次の⑴～⑸について，下線部が正しいときは○を記入し，誤っているときは解答群から正しいものを選び，記号で答えなさい。

⑴　食料品や日用雑貨，医薬品といった<u>買回品</u>は，大量に消費され，購買頻度も高く，消費者ができるだけ少ない努力で商品の探索や購入をしようとする商品である。

⑵　<u>選択的</u>チャネル政策を採用した場合，開放的チャネル政策と比較すると在庫管理や販売管理が容易になるほか，価格の値崩れも防ぎやすくなる。

⑶　<u>排他的</u>チャネル政策を採用した場合，様々な流通業者に商品を流通させるため，幅広く商品がいきわたり，販売機会が増加する。

⑷　専門知識や技術が必要な専門品の販売については，<u>開放的</u>チャネル政策が適している。

⑸　自動車や宝飾品，高級ファッションブランド商品などは，<u>専門品</u>に分類される。

【解答群】

ア．専門品　　イ．開放的　　ウ．選択的　　エ．排他的　　オ．最寄品

(1)………　(2)………　(3)………　(4)………　(5)………

応用問題

問　「三つのチャネル政策」の図の空欄にあてはまる，最も適切な語句を解答群から選んで記入しなさい。

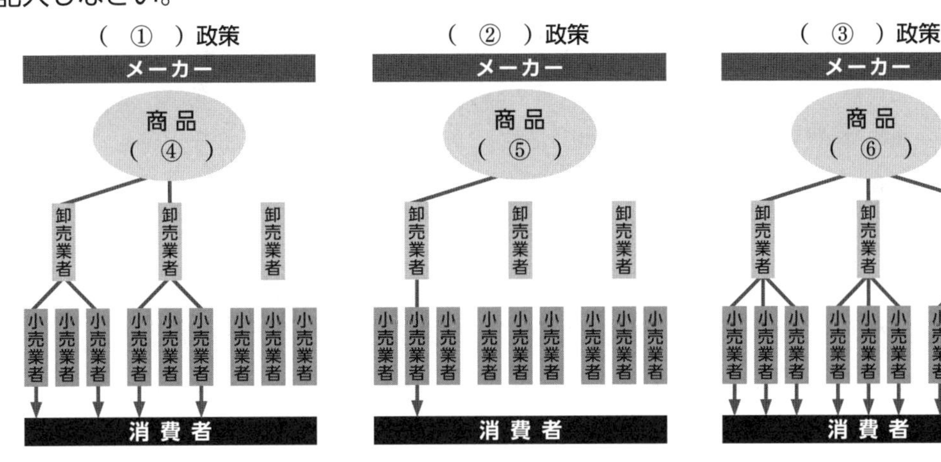

【解答群】

ア．選択的チャネル　　イ．開放的チャネル　　ウ．排他的チャネル

エ．専門品　　オ．最寄品　　カ．買回品

①………　②………　③………　④………　⑤………　⑥………

発展問題

問　最寄品に対応する流通経路の政策の特徴として適切なものを，次のなかから一つ選びなさい。

ア．多くの小売業者に商品を流通させるため，販売機会が増す一方で，メーカーのチャネル管理力が弱く，販売方法や価格の管理などが困難である。

イ．チャネル管理がしやすいため，販売員が商品知識や技術を身につけやすく，ブランドイメージを保ちやすい。

ウ．チャネル管理が比較的しやすいため，在庫管理や販売管理が容易になるほか，価格の値崩れも防ぎやすくなる。

………

教科書▶p.106～107

第3節　マーケティング計画（流通経路）③

❷ 流通の動向と課題①

学習要項

◉ 情報システムなどの技術的要因の革新などによって，流通経路の多様化やIT化が進展している。

基本問題

問　次の①～⑤の（　　　）にあてはまるものを解答群から選びなさい。

⑴　インターネット上で商品を購入することができるWebサイトのことを（　①　）という。（　①　）は，消費者が探索や購買にかける努力が極めて（　②　）なる。

⑵　リアル店舗やオンライン店舗，カタログ通販などの流通経路だけでなく，ソーシャルメディア，スマートフォンのアプリ，コールセンターなど，顧客とのすべての接点を統合し，連携させた販売戦略を（　③　）という。これにより，顧客にとっては購買における利便性が高まり，企業にとっては，蓄積したデータをもとに顧客一人ひとりに対応した効果的なプロモーションが可能となるので，ブランドイメージを向上させ，顧客の（　④　）の獲得につながる。

⑶　顧客一人ひとりをID化し，顧客ごとの行動履歴を把握するデータを（　⑤　）という。

【解答群】

ア．ロイヤルティ　　イ．オムニチャネル　　ウ．小さく

エ．大きく　　オ．オンライン店舗　　カ．行動履歴データ

①……………　②……………　③……………　④……………　⑤……………

発展問題

問　オムニチャネルの説明として最も適切なものを，次のなかから一つ選びなさい。

ア．リアル店舗やオンライン店舗，カタログ通販など，独立した複数の流通経路により顧客に商品や情報を発信する戦略。

イ．リアル店舗やオンライン店舗，カタログ通販など，複数の流通経路で顧客情報を一元化する戦略。

ウ．リアル店舗やオンライン店舗，カタログ通販など，複数の流通経路を統合し，相互に連携することで顧客にどの流通経路からでも一貫したサービスを提供できるようにする戦略。

……………

教科書▶p.108〜109

第3節　マーケティング計画（流通経路）④

❷ 流通の動向と課題②

学習要項

⊙ 近年，消費者間取引におけるオンライン化や流通経路のIT化が進んでいる。

基本問題

問　次の①〜⑩の（　　）にあてはまるものを解答群から選びなさい。

(1)　メーカーや小売業者による販売だけでなく，消費者間取引においても，（　①　）が進んでいる。

(2)　近年，先進的な小売業者では，大きくは，（　②　）とコスト削減の目的で（　③　）が進んでいる。

(3)　ITを活用した（　④　）やプロモーション，商品の改善により，売り上げの向上をはかることができる。従来はカードにスタンプを押していた会員カードが，スマートフォンの（　⑤　）に変わった。そのことで，顧客がカードを忘れることもなくなり，購買のつど（　⑤　）のコードを読み込むことで，システムで（　④　）ができるようになった。

(4)　店内におけるプロモーションでは，通過する顧客に応じた販売促進を表示する（　⑥　）や，店内で購入しようとバーコードを読み込んだ商品にあわせてお勧め商品のクーポンなどを表示するスマートフォンのアプリや端末つきのカートなどがある。

(5)　棚の上に設置された（　⑦　）カメラが，個人を特定しない形で顧客の行動データを収集・分析する。それにより，顧客がどの棚の商品に触れ，どの商品を購入したのかがわかる。

(6)　ITを活用した無人レジによる省人化や，（　⑧　）の効率化により，（　⑨　）をはかることができる。

(7)　（　⑩　）には，消費者自身が商品のバーコードをスキャンするものや，商品や商品カゴを所定の位置に置くことにより価格が自動で読み取られ，商品の会計をおこなうことができるものなどがある。

【解答群】

ア．無人レジ　　イ．売上向上　　ウ．コスト削減　　エ．棚出し作業　　オ．オンライン化

カ．IT化　　キ．アプリ　　ク．顧客管理　　ケ．デジタルサイネージ　　コ．AI

①………　②………　③………　④………　⑤………

⑥………　⑦………　⑧………　⑨………　⑩………

教科書▶p.110～111

第4節　マーケティング計画（プロモーション）①

❶プロモーションの計画

学習要項

⊙プロモーションは，ターゲット顧客や，その購買心理，商品の特性によって，適した方法が異なる。

基本問題

問１　次の①～⑩の（　　　）にあてはまるものを解答群から選びなさい。

⑴　商品コンセプトをターゲット顧客に伝え，購買を促進させる活動を（　①　）という。

⑵　プロモーション計画の立案にあたっては，まず，ターゲット顧客の（　②　）が多いプロモーション方法を選択する必要がある。たとえば，主婦であればテレビ広告やチラシ広告，学生であれば学生のよく利用する（　③　）やアプリ，サイト，雑誌，店舗，施設，イベントなどでのプロモーションが有効かもしれない。

⑶　世間一般の人びとの接触が多いプロモーション方法が必ずしも有効とは限らないため，ターゲット顧客が接触するプロモーションの（　④　）が不可欠となる。

⑷　消費者は，商品を知ってから実際に購入するまでに，（　⑤　）→（　⑥　）→（　⑦　）→（　⑧　）→（　⑨　）という購買意思決定プロセスをたどるとされる。このプロセスは，それぞれの頭文字を取って（　⑩　）と呼ばれている。

【解答群】

ア．関心　イ．AIDMA　ウ．プロモーション　エ．記憶　オ．行動
カ．接触機会　キ．市場調査　ク．ソーシャルメディア　ケ．注意　コ．欲求

①……………　②……………　③……………　④……………　⑤……………

⑥……………　⑦……………　⑧……………　⑨……………　⑩……………

問２　次の⑴～⑶について，下線部が正しいときは〇を記入し，誤っているときは解答群から正しいものを選び，記号で答えなさい。

⑴　一般的に，購買初期段階の①欲求，関心のプロセスにおいては広告やPR活動が，それ以降の段階である②注意，記憶，行動のプロセスにおいては接客などの③販売員活動が有効であるといわれる。

⑵　日用品や食料品など，安価で購買頻度の高い④最寄品の場合，消費者は商品を知ったあとや店頭でたまたま見かけた際に，すぐ購入することが多い。そのため，大量のテレビ広告や

試供品の提供，発売イベント，チラシ広告，店頭ポスター，POP広告，目立つ陳列などが効果的である。

(3) 洋服や家電製品，化粧品などの買回品の場合は，メーカーが打ち出す広告とあわせて，一人ひとりのニーズにあわせた小売店がおこなう接客などの⑤イベントの実施が重要な意味をもつ。

【解答群】

ア．販売員活動　イ．専門品　ウ．注意　エ．欲求　オ．イベントの実施

①………　②………　③………　④………　⑤………

応用問題

問 「顧客の購買意思決定プロセス」の図の空欄にあてはまる，最も適切な語句を解答群から選んで記入しなさい。

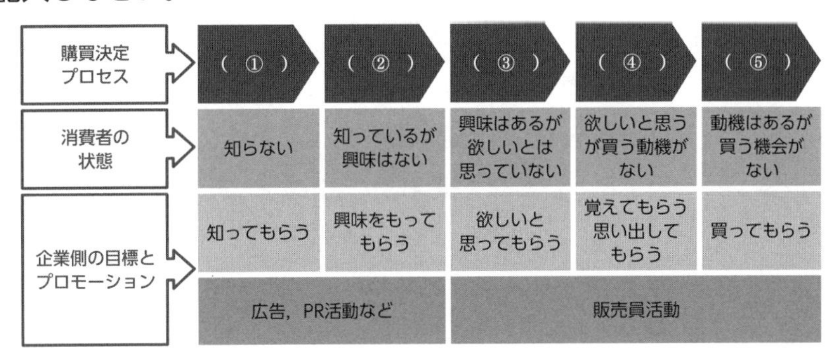

【解答群】

ア．関心（Interest）　イ．記憶（Memory）　ウ．注意（Attention）

エ．欲求（Desire）　オ．行動（Action）

①………　②………　③………　④………　⑤………

発展問題

問1　インターネット上で，誰もが情報を発信したり，受け取ったりすることができる双方向のメディアのことを何というか。カタカナ９文字で答えなさい。

………

問2　消費者に商品の価値を伝え，購買意欲を促進させる活動を何というか。カタカナ７文字で答えなさい。

………

教科書▶p.112〜113

第4節　マーケティング計画（プロモーション）②

❷ プロモーションの手段

学習要項

⊙ プロモーションの手段には，広告，販売促進，イベント，PR，人的販売の５つがある。

基本問題

問１　次の①〜⑤の（　　　）にあてはまるものを解答群から選びなさい。

⑴　（　①　）とは，広告主が有料でテレビやインターネットなどの媒体を用い，商品についての情報を人びとに伝えようとするプロモーションの手段である。

⑵　（　②　）とは，サンプルやクーポンなどを用いて商品の試用や購入を促すためのプロモーションの手段である。

⑶　（　③　）とは，自社の経営方針や事業内容，新商品などについて，サイトや刊行物などを通じて，各種利害関係者から広く社会一般の人びとにまで理解してもらう活動のことをいう。

⑷　（　④　）とは，いわゆる販売員活動や営業活動のことで，小売店での販売員による顧客に対する接客や，メーカーの営業による流通経路に対する販売交渉などのことをいう。

⑸　プロモーションの手段を組み合わせて複合的に活用することを（　⑤　）という。

【解答群】

ア．PR活動　　イ．プロモーション・ミックス　　ウ．販売促進

エ．広告　　オ．人的販売

①……………　②……………　③……………　④……………　⑤……………

問２　次の⑴〜⑶について，下線部が正しいときは○を記入し，誤っているときは解答群から正しいものを選び，記号で答えなさい。

⑴　メーカーは，流通業者に対して，<u>リベート</u>や値引きなどによる販売促進をおこなう場合がある。

⑵　PR活動のうち，新商品や新技術などの情報をメディア関係者に提供し，無償でニュースや記事などに取り上げてもらう活動のことを<u>プレスリリース</u>という。

⑶　メーカーの営業が，リベートや値引き，実演販売などのイベント支援などをおこない，流通業者が顧客に商品を押し込むように仕向ける戦略を<u>プル戦略</u>という。

【解答群】

ア．プッシュ戦略　　イ．パブリシティ　　ウ．PR

⑴……………　⑵……………　⑶……………

応用問題

問　「プロモーション・ミックス」の図の空欄にあてはまる，最も適切な語句を解答群から選んで記入しなさい。

【解答群】

ア．販売促進

イ．PR活動

ウ．広告

エ．人的販売

オ．イベント

①……………… ②……………… ③………………

④……………… ⑤………………

発展問題

問１　新商品や新技術などの情報をメディア関係者に提供し，無償でニュースや記事などに取り上げてもらう活動を何というか，次のなかから適切なものを一つ選びなさい。

ア．パブリシティ　　イ．セールスプロモーション　　ウ．マーケティング

………………

問２　次の⑴～⑸に最も関係の深いものを解答群からそれぞれ選びなさい。

⑴広告　⑵販売促進　⑶イベント　⑷PR活動　⑸人的販売

【解答群】

ア．買い物をしていると，店内で気になっていた商品の実演販売がおこなわれていた。

イ．買い物中に，どの商品を買ってよいかわからず困っていると，店員さんが商品の種類や違いを丁寧に教えてくれた。

ウ．テレビを見ていると，新商品のCMが流れた。

エ．店内で商品を選んでいたら，店員さんが新発売の商品サンプルを渡してくれた。

オ．インターネットを見ていたら，トップ画面に新商品の発売に関するニュース記事が掲載されていた。

⑴……………… ⑵……………… ⑶……………… ⑷……………… ⑸………………

第4節　マーケティング計画（プロモーション）③

❸ 店頭プロモーション①

学習要項

⊙ 店頭におけるプロモーションでは，商品の棚割や陳列，POP広告などが重要である。

基本問題

問1　次の①～⑤の（　　　）にあてはまるものを解答群から選びなさい。

⑴　商品を陳列する際に，「どこに，どの商品を，どれだけの数量陳列するのか」を計画することを（　①　）という。

⑵　品群や品種などによって分けられた商品のグループを，それぞれ売り場のどの位置に，どのようなスペース配分で配置するのかを決定することを（　②　）という。

⑶　商品パッケージの正面部分を（　③　）といい，この（　③　）を，陳列什器の最前列にどれだけ並べるかを決定することを（　④　）という。

⑷　商品を，品群や品種などによってグループ分けすることを（　⑤　）という。

【解答群】

ア．フェイス　　イ．グルーピング　　ウ．棚割　　エ．フェイシング　　オ．ゾーニング

①……………　②……………　③……………　④……………　⑤……………

問2　次の⑴～⑸について，下線部が正しいときは○を記入し，誤っているときは解答群から正しいものを選び，記号で答えなさい。

⑴　店頭におけるプロモーションでは，商品の棚割や陳列，<u>チラシ広告</u>などの店頭プロモーションが重要な役割を果たす。

⑵　<u>棚割</u>は，グルーピング，ゾーニングがおこなわれたのち，フェイシングを検討したうえで決定される。

⑶　棚割のグルーピングにおいては，品群や品種でグルーピングすれば<u>関連購買</u>を促すことになる。

⑷　消費者がある商品の購入に際して，その商品に関連する商品もあわせて購入することを<u>比較購買</u>という。

⑸　棚割のフェイシングにおいては，フェイス数を増やすことで販売数量の<u>増加</u>が見込めるため，販売実績の高い商品や新商品など，売り出したい商品には，フェイス数を多く配分してもらうことが有効である。

【解答群】

ア．減少　　イ．比較購買　　ウ．関連購買　　エ．POP広告　　オ．陳列

(1)………… (2)………… (3)………… (4)………… (5)…………

応用問題

問　「商品の棚割」の図の空欄にあてはまる，最も適切な語句を解答群から選んで記入しなさい。

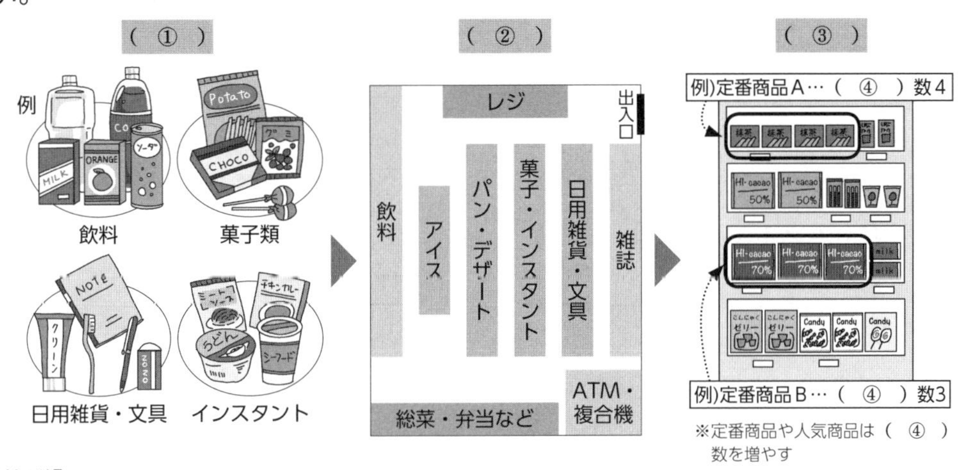

【解答群】

ア．フェイス　　イ．ゾーニング　　ウ．グルーピング　　エ．フェイシング

①………… ②………… ③………… ④…………

発展問題

問１　小売店において，多種多様な商品を，どのように分類して，売り場のどこにどれくらい陳列するかなどを決める計画を何というか。漢字２文字で答えなさい。

…………

問２　品群や品種ごとにグループ分けした商品を，それぞれ売り場のどの位置にどのような配分で陳列するかを決めることを何というか。カタカナで答えなさい。

…………

問３　陳列棚の最前列に，各商品の正面部分をいくつずつ並べるかを決めることを何というか。カタカナで答えなさい。

…………

教科書▶p.116〜117

第4節　マーケティング計画（プロモーション）④

❸ 店頭プロモーション②

学習要項

⊙ 店頭におけるプロモーションでは，商品の棚割や陳列，POP広告などが重要である。

基本問題

問　次の①〜⑩の（　　　）にあてはまるものを解答群から選びなさい。

(1)　顧客にとって，陳列棚の中で最も目に入りやすく手に取りやすい位置を（　①　）という。

(2)　店内の通路上に，通常のゴンドラ什器などから独立させた島のような状態で，平台やカゴなどの什器を配置する陳列方法を（　②　）という。

(3)　棚がついた什器を使用した陳列方法を（　③　）という。（　③　）は，スーパーマーケットやコンビニエンスストアをはじめとして，さまざまな小売店で採用され，主に，（　④　）に対して用いられる。

(4)　カゴやバケツ，ワゴンなどの中に商品を投げ込むような形で入れていく陳列方法を（　⑤　）という。

(5)　商品の中身や使用感が顧客に伝わるように，見本品を売り場に配置する陳列方法を（　⑥　）という。

(6)　商品を棚の一番手前から順に並べ，立体的に積み上げていく陳列方法を（　⑦　）という。（　⑦　）は，主に，（　⑧　）や日用雑貨などに対して用いられることが多い。

(7)　レジのすぐ横や手前などに陳列什器を配置する陳列方法を（　⑨　）という。

(8)　小売店の店頭や店内において，顧客に商品の特徴や使用方法，セールスポイントなどを伝える広告媒体を（　⑩　）という。

【解答群】

ア．レジ前陳列　　イ．POP広告　　ウ．ジャンブル陳列　　エ．青果物
オ．ゴンドラ陳列　　カ．最寄品　　キ．サンプル陳列　　ク．前進立体陳列
ケ．島陳列　　コ．ゴールデンライン

①..........　②..........　③..........　④..........　⑤..........

⑥..........　⑦..........　⑧..........　⑨..........　⑩..........

応用問題

問　「さまざまな陳列方法」の図の空欄にあてはまる最も適切な語句と，それに対応する説明文を解答群から選んで記入しなさい。

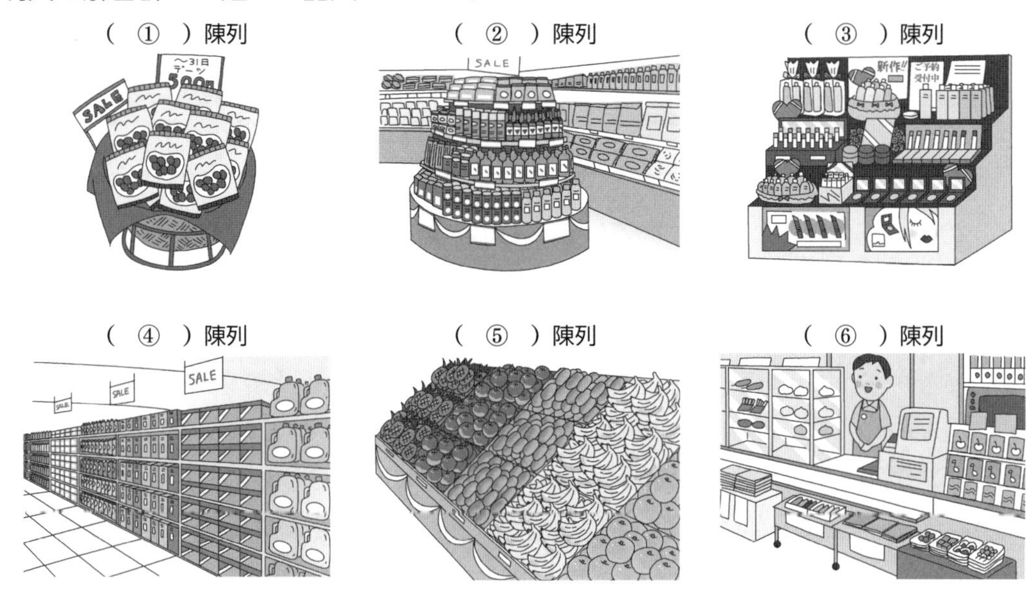

【解答群A】

ア．レジ前　　イ．ゴンドラ　　ウ．前進立体　　エ．ジャンブル

オ．サンプル　　カ．島

【解答群B】

キ．商品を棚の一番手前から順に並べ，立体的に積み上げていく陳列方法で，山の斜面のような見た目で，手前（下）に来るほどボリュームが大きくなる。

ク．投げ込み陳列とも呼ばれ，カゴやバケツ，ワゴンなどの中に商品を投げ込むような形で入れていく陳列方法で，商品の形を整えずにわざと無造作な形で陳列する。

ケ．レジのすぐ横や手前などに陳列什器を配置する陳列方法で，スーパーマーケットやドラッグストアなどのセルフサービス方式を採用する小売店でよく用いられる。

コ．棚のついた什器に商品を陳列する方法で，主に最寄品を中心とした定番商品に対して用いられる。

サ．見本品を外箱から出した状態で店頭に陳列する方法で，化粧品の場合，見本品をその場で試すことで，使用感や色などが分かり購入の参考になる。

シ．店内の通路上に通常のゴンドラ什器などから独立させた島のような状態で，平台やカゴなどの什器を配置する陳列方法。

①A：　　　　B：　　　　②A：　　　　B：　　　　③A：　　　　B：

④A：　　　　B：　　　　⑤A：　　　　B：　　　　⑥A：　　　　B：

第4節　マーケティング計画（プロモーション）⑤

❹プロモーションの動向と課題

学習要項

⊙近年では，SNSの登場などで，トリプルメディアという見方がでてきた。

基本問題

問１　次の①〜⑤の（　　　）にあてはまるものを解答群から選びなさい。

⑴　近年，SNSの登場などで，顧客が自らの情報を発信するようになり，（　①　）という見方がでてきた。

⑵　（　①　）のうち，企業が広告費用を支払う媒体を（　②　）という。

⑶　（　①　）のうち，企業自身が保有する媒体を（　③　）という。

⑷　（　①　）のうち，外部から獲得する媒体のことを（　④　）という。

⑸　検索サイトなどの一部に表示されていて，クリックすると当該商品のサイトが表示される画像広告を（　⑤　）という。

【解答群】

ア．アーンドメディア　　イ．ディスプレイ広告　　ウ．ペイドメディア

エ．トリプルメディア　　オ．オウンドメディア

①……………　②……………　③……………　④……………　⑤……………

問２　次の⑴〜⑸について，下線部が正しいときは○を記入し，誤っているときは解答群から正しいものを選び，記号で答えなさい。

⑴　検索エンジンに入力するキーワードに関連した広告を表示させる広告（検索連動型広告）などのことを<u>バナー広告</u>という。

⑵　ペイドメディアは，顧客の購買意思決定プロセスの注意，<u>欲求</u>段階への働きかけに特に有効である。

⑶　オウンドメディアは，商品の豊富な情報を提供し，商品の理解を深めたり，購入をサポートしたりするので，購買意思決定プロセスの<u>関心</u>，記憶，行動段階への働きかけに用いることが多い。

⑷　アーンドメディアは，テレビや新聞，雑誌などによるPRや，消費者個人のブログ，<u>SNS</u>をはじめとしたソーシャルメディアに書き込まれた口コミによる商品情報のことである。

⑸　アーンドメディアを，消費者が取り上げ発信する「<u>シェアードメディア</u>」と，マスメディアが取り上げ発信する「アーンドメディア」の二つに分けるという見方もある。

【解答群】

ア．オウンドメディア　　イ．欲求　　ウ．関心　　エ．リスティング広告

オ．企業アカウントページ

(1)………… (2)………… (3)………… (4)………… (5)…………

応用問題

問　「トリプルメディア」の図の空欄にあてはまる，最も適切な語句を解答群から選んで記入しなさい。

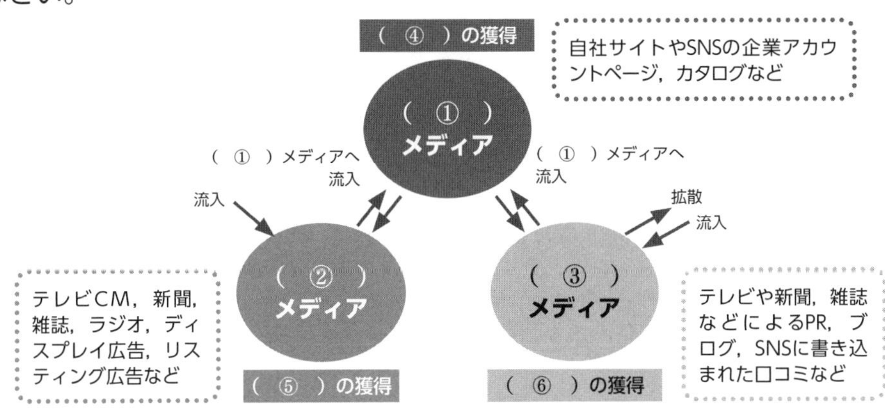

【解答群】

ア．新規顧客　　イ．オウンド　　ウ．見込み顧客　　エ．ペイド

オ．アーンド　　カ．信用・評判

①………… ②………… ③………… ④………… ⑤………… ⑥…………

発展問題

問　次の文章を読み，問いに答えなさい。

（　　　）とは，マーケティングにおいて企業と消費者の接点となる様々なメディアを，①企業自身が保有する媒体，②消費者やマスメディアなどの第三者により情報発信がおこなわれる媒体，③企業が費用を支払うことによって利用が可能となる媒体の3つに分類するという考え方である。

(1)　文章中の空欄にあてはまる語句を，カタカナ8文字で答えなさい。

…………………………

(2)　下線部①〜③にあてはまる語句を，次のなかからそれぞれ選びなさい。

ア．ペイドメディア　　イ．オウンドメディア　　ウ．アーンドメディア

①………… ②………… ③…………

教科書▶p.120～121

第5節　事業計画書の作成と検証①

❶ 生産計画と財務計画　❷ 事業計画書の作成と承認

学習要項

⊙ マーケティング計画にもとづき生産計画と財務計画を立案したら，事業計画書を完成させる。

基本問題

問1　次の①～⑤の（　　　）にあてはまるものを解答群から選びなさい。

(1)（　①　）では，販売計画にもとづき，生産に必要な資材や部品の調達や生産設備の状況なども考慮して，（　②　）と納期を決定する。

(2)　金繰りや損益予測について考え計画を立てることを（　③　）という。この（　③　）は，（　④　）と資金計画に大別できる。

(3)　多くの企業では（　⑤　）表と呼ばれる表を作成して，資金の不足に備えていることが多い。

【解答群】

ア．資金繰り　　イ．財務計画　　ウ．損益計画　　エ．生産計画　　オ．生産数量

①……………　②……………　③……………　④……………　⑤………………

問2　次の(1)～(4)について，下線部が正しいときは○を記入し，誤っているときは解答群から正しいものを選び，記号で答えなさい。

(1)　資金計画とは，仕入代金の支払いなど資金の出入りを中心とした収支の見積もりや借入金の返済計画などのことである。

(2)　生産計画は，販売計画にもとづく売上高の予測と製造原価・販売費及び一般管理費・営業外損益の予測を考慮して，将来の損益の見通しをおこなう計画である。

(3)　損益計画を作成するうえでは，損益分岐点分析が求められ，さらに，外部環境の変化にともなうリスク分析も必要となる。

(4)　商品企画書は，新商品を実際に生産して発売して良いかを判断するためだけでなく，承認後，事業を計画的に進めていくうえでも重要な役割を果たす。

【解答群】

ア．財務計画　　イ．事業計画　　ウ．損益計画　　エ．SWOT分析

(1)……………　(2)……………　(3)……………　(4)………………

第5節　事業計画書の作成と検証②

❸ 事業計画書の検証（市場テスト）

学習要項

⊙ 事業計画書の承認を得たら，正式発売する前に市場テストをおこない，事業計画を検証する。

基本問題

問　次の①〜⑤の（　　　）にあてはまるものを解答群から選びなさい。

（　①　）では，地域と期間を限定して，実際の市場で試験的に商品を販売することで，全国でいっせいに販売した場合に発生しうるリスクを軽減することができる。（　①　）をおこなったら，その結果と（　②　）にもとづく（　③　）とを比較して，計画が適切であったかどうかを検証し，問題のある部分は修正する。（　③　）と（　①　）の結果が乖離する場合は，（　④　），商品，価格，流通経路，プロモーションのどこが要因なのかを分析し，それらの計画を修正する。（　①　）は，事業計画の精度を高め，事業のリスクを軽減できる一方で，競合に（　⑤　）を察知されるなどの課題がある。

【解答群】

ア．新商品情報　　イ．販売計画　　ウ．需要予測　　エ．市場テスト

オ．ターゲット顧客

①……………　②……………　③……………　④……………　⑤……………

応用問題

問「市場テストにおける結果と企業の意思決定の例」の図の空欄にあてはまる，最も適切な語句を解答群から選んで記入しなさい。

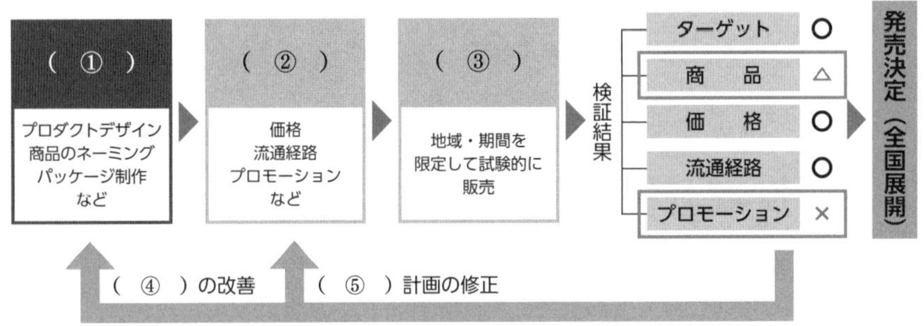

【解答群】

ア．プロモーション　　イ．商品開発　　ウ．市場テスト　　エ．商品　　オ．事業計画

①……………　②……………　③……………　④……………　⑤……………

教科書▶p.124〜125

第6節　事業計画の実践と修正

❶事業計画の実践（全国展開）　❷発売後の調査と事業計画の修正

学習要項

⊙商品発売にあたっては，社外の多くの人びとへの説得や協力が不可欠となる。

基本問題

問１　次の①〜⑩の（　　）にあてはまるものを解答群から選びなさい。

最終関門の市場テストの結果も良く，商品の発売が決まったら自動的に全国の店舗の棚に並ぶわけではない。事業計画で作成した（　①　）を実践し，社外の多くの人びとへの説得や協力が不可欠となる。

洗濯洗剤などの（　②　）であれば，（　③　）を実施するため，卸売業者や複数の店舗をもつチェーン本部，あるいは各店舗のバイヤーに営業し，商品の受注を獲得しなければいけない。（　④　）では，テレビCMやインターネット広告などの制作や配信を（　⑤　）に依頼する。同時に，工場での（　⑥　）や，倉庫からの（　⑦　），さらには資金調達など多くのことが，多くの関係者といっせいに開始される。円滑に実施するためには，緻密な（　⑧　）が不可欠なことがわかるだろう。

改めて，第１章第１節で学んだ商品３層モデルを思い出して欲しい。（　⑨　）を社外の多くの人びとと共に，顧客に提供できてこそ（　⑩　）となり，商品となるのだ。

【解答群】

ア．プロモーション　イ．生産　ウ．最寄品　エ．事業計画
オ．開放的チャネル政策　カ．広告代理店　キ．配送　ク．便益の束
ケ．付随機能　コ．マーケティング計画

①……………　②……………　③……………　④……………　⑤……………
⑥……………　⑦……………　⑧……………　⑨……………　⑩……………

問２　次の⑴〜⑶について，下線部が正しいときは○を記入し，誤っているときは解答群から正しいものを選び，記号で答えなさい。

⑴　商品浸透度調査では，発売後すぐに店頭で，商品を買い物かごにいれた顧客に，どのメディアで商品を知ったのか，購入理由，どのブランドから切り替えたのかなどをインタビューする。

⑵　初期購入者追跡調査では，調査会社をとおして，新商品の認知度や選好，購入経験，購入・未購入理由などをサーベイ調査する。

⑶　市場・競合調査では，市場シェアや配荷率，広告のGDP，ブランド別の流入・流出状況，

競合の追撃情報などを確認する。

【解答群】

ア．GRP　　イ．初期購入者追跡調査　　ウ．商品浸透度調査

(1)……………… (2)……………… (3)………………

応用問題

問　次の(1)～(4)に最も関係の深いものを解答群から選び，その記号を記入しなさい。

(1)初期購入者追跡調査　　(2)商品浸透度調査　　(3)市場・競合調査　　(4)GRP

【解答群】

ア．一定期間の１回あたりのCMの世帯視聴率を合計して測定される延べ視聴率。

イ．商品が顧客にどれくらい普及しているかを確認する調査で，調査会社を通して，新商品の認知度や選好，購入経験，購入・未購入理由などをサーベイ調査する。

ウ．発売後の市場や競合の状況の調査で，市場シェアや配荷率，広告の延べ視聴率，ブランド別の流入・流出状況，競合の追撃情報などを確認する。

エ．トライアル（初回購入）した顧客の分析とそのリピート（継続購入）の状況を分析する調査で，発売後すぐに店頭において商品を購入した顧客に，商品を知ったメディアや，購入理由，切り替えたブランドや，顧客の属性などをインタビューする。

(1)……………… (2)……………… (3)……………… (4)………………

MEMO

第 1 節　商品開発の動向①

❶ デザイン思考による商品開発

学習要項

⊙ デザイン思考による商品開発では，開発ステップが直線的ではなく反復的に進められる。

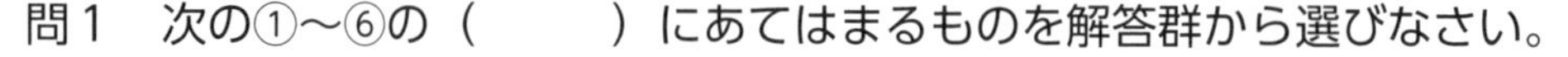

基本問題

問 1　次の①～⑥の（　　　）にあてはまるものを解答群から選びなさい。

⑴　デザイナーが用いる思考法や手法を用いて，人びとが抱えるニーズを見つけ出し，解決策を生み出すアプローチを（　①　）という。

⑵　デザイン思考において，（　②　）とは，人びとについての理解を深め，人びとの深いニーズである潜在ニーズを得るステップである。

⑶　デザイン思考において，（　③　）とは，複数のアイデアを出して，その中から望ましいアイデアを選んでいくステップである。

⑷　アイデアの量を増やすための手法には，（　④　）やビジュアル・シンキングなどがある。また，たくさんのアイデアを整理する方法には（　⑤　）がある。

⑸　デザイン思考において，（　⑥　）とは，新しいアイデアを商品化する前に，精緻な検証をしていくステップである。

【解答群】

ア．実行　　イ．着想　　ウ．ブレーンストーミング　　エ．KJ法

オ．発案　　カ．デザイン思考

①……………　②……………　③……………　④……………　⑤……………　⑥……………

問 2　次の⑴～⑸について，下線部が正しいときは○を記入し，誤っているときは解答群から正しいものを選び，記号で答えなさい。

⑴　着想とは，人びとについての理解を深め，人びとの深いニーズである潜在ニーズ（インサイト）を得るステップである。

⑵　着想のステップでは，観察やサーベイ調査といった手法を通じて，潜在ニーズが探られる。

⑶　観察調査などの対象には，一般的な顧客層とは異なった消費習慣をもつエクストリーム・ユーザーを対象とすると良い。

⑷　スケッチなどのビジュアルを描きつつ，発想する手法をデザイン思考という。

⑸　実行のステップでは，最終的な商品に近い試作品（ラフモデル）を作り，実際に，ターゲット顧客に利用してもらうことで，アイデアが顧客に受け入れられるかどうかを検証する。

【解答群】

ア．ワーキングモデル　イ．インタビュー　ウ．ビジュアル・シンキング
エ．アンケート　オ．ユーザー・イノベーション

(1)………… (2)………… (3)………… (4)………… (5)…………

応用問題

問　「デザイン思考のプロセス」の図の空欄にあてはまる，最も適切な語句を解答群から選んで記入しなさい。

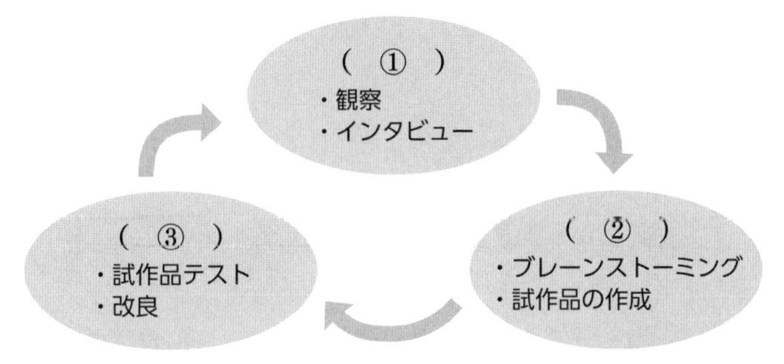

【解答群】

ア．実行　イ．発案　ウ．着想

①………… ②………… ③…………

発展問題

問１　特定の商品について極端な使い方をしたり，ヘビーユーザーであったり，ほとんど使用しなかったりといった一般的な消費者とは異なる人びとを何というか，カタカナ11文字で答えなさい。

…………………………

問２　消費者が自覚していない潜在的な欲求を何というか，カタカナ５文字で答えなさい。

…………………………

教科書▶p.134～135

第 1 節　商品開発の動向②

❷ 消費者参加型商品開発

学習要項

⊙ インターネットの普及により，消費者参加型商品開発に取り組む企業が増えてきている。

基本問題

問 1　次の①～⑤の（　　　）にあてはまるものを解答群から選びなさい。

⑴ （　①　）とは，企業が単独で開発を進めるのではなく，アイデア創出や評価，プロダクトデザイン，マーケティング計画などのさまざまな段階に消費者を巻き込んで開発を進める手法である。

⑵ 多様なアイデアや解決策，業務の提供などを，インターネットをとおして広く公募し，業務を委託する手法を（　②　）という。

⑶ 消費者のアイデアや評価から生まれた商品は，売上高や（　③　），独自性などが高いという成果を（　④　）という。

⑷ 消費者のアイデア創出や評価から生まれた商品に対して，消費者（開発に参加していない一般の消費者）が，その商品をより優れたものであると感じ，購入につながるという成果を（　⑤　）という。

【解答群】

ア．クラウドソーシング　　イ．ラベル成果　　ウ．消費者参加型商品開発

エ．新奇性　　オ．商品成果

①……………　②……………　③……………　④……………　⑤……………

問 2　次の⑴～⑶について，下線部が正しいときは○を記入し，誤っているときは解答群から正しいものを選び，記号で答えなさい。

⑴ 多様なアイデアや解決策，業務の提供などを，インターネットをとおして広く公募し，業務を委託する手法をクラウドファンディングという。

⑵ 消費者参加型商品開発では，消費者が企業に対して間接的に新商品のアイデアを提案することになる。

⑶ 目新しさや物珍しさなどのことを独自性という。

【解答群】

ア．新奇性　　イ．直接的　　ウ．クラウドソーシング

⑴……………　⑵……………　⑶……………

教科書▶p.136～137

第２節　商品開発の課題

❶消費者主体の商品開発と流通　❷商品開発の課題

学習要項

⊙近年，消費者自身が商品開発や，その資金の獲得や販売までをおこなう事例が登場した。

基本問題

問　次の①～④の（　　）にあてはまるものを解答群から選びなさい。

(1)　先端的な消費者が，自らの利用のために革新的商品開発をおこなう現象を（　①　）という。

(2)　デジタル生産技術の発展が，商品開発する消費者拡大の追い風となる現象を（　②　）という。

(3)　インターネットをとおして，商品開発のための資金を多くの消費者から少額ずつ提供してもらい，目標資金を調達する仕組みを（　③　）という。

(4)　消費者がハンドメイドで創作した作品や自ら所有する商品を，インターネットをとおして第三者と売買するフリーマーケットや，第三者に貸し出すシェアビジネスが台頭してきており，メーカーや小売が介在しない（　④　）が増えている。

【解答群】

ア．メイカームーブメント　イ．クラウドファンディング

ウ．ユーザー・イノベーション　エ．消費者間取引

①……　②……　③……　④……

応用問題

問　「メーカーや流通業者と，新たな消費者との関係」の図の空欄にあてはまる，最も適切な語句を解答群から選んで記入しなさい。

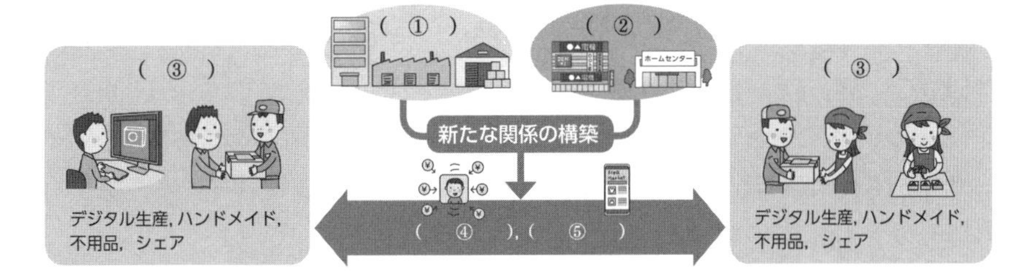

【解答群】

ア．流通業者　イ．消費者　ウ．クラウドファンディング　エ．メーカー　オ．消費者間取引

①……　②……　③……　④……　⑤……

実力確認テスト〈第1回〉

(100点満点)

問1　次の表の空欄(1)〜(6)に当てはまる語句を記入しなさい。また，空欄①〜⑤に当てはまる数字の組み合わせとして適切なものを，解答群から選び記入しなさい。(各5点)

種類	保護対象	保護期間	出願先
(1)権	チョコレートの形状やスマートフォンのデザインなど，モノの形や模様などのデザイン	出願日から(①)年	(6)
(2)権	商品やサービス，会社の名前やそのロゴ，キャッチコピー，キャラクターなど	登録から(②)年 (更新登録制度あり)	
(3)権	新しい器具や技術，製造方法などの発明	出願から(③)年 (一部25年に延長)	
(4)権	新しく工夫した栓抜きやカッターなど，必ずしも技術的に高度ではない小発明	出願から(④)年	
(5)権	小説，脚本，論文，音楽，絵画，建築，映画，写真など，思想または感情を創作的に表現したもの	原則創作時から著作者の死後(⑤)年 (法人著作は公表後(⑤)年)	必要なし

【解答群】

ア．①20　②10　③25　④10　⑤75　　イ．①25　②10　③20　④10　⑤70　　ウ．①10　②20　③25　④10　⑤70

(1)________　(2)________　(3)________　(4)________　(5)________　(6)________　①〜⑤________

問2　次の文章を読んで下の問いに答えなさい。(各5点)

Bさんが通う学校では，クラスやグループ単位などで商品開発にチャレンジする授業がある。その授業で，まずは商品のアイデアを集めてみることになり，カードにアイデアを記入し，それをグループにまとめて図解し，文章にまとめる(i)という方法でアイデア創出をおこなうことに決まった。(i)では，はじめにクラス全員で1つのテーマをもとに自由にアイデアを出しあい，意見交換をする(ii)をおこなった。Bさんはあるアイデアを思いついたが，そのアイデアが誰かに批判されるかもしれないと不安になり，自信がもてずなかなか発言することができなかった。すると，先生が「(a)簡単なことやその場の思いつき，空想でも，何でも大丈夫ですよ。(b)出てきた意見は批判せずに，何でも受け入れましょう」と声をかけてくれたので，意見をいうことができた。さらに，(c)クラスメイトがBさんが出したアイデアにつけ加える形で新しいアイデアを出してくれるなどして，たくさんのアイデアが集まった。ひと通りアイデアが集まったあとは，(d)(i)の手順にしたがい，情報を整理して，より高度なアイデアに発展させることができた。

(1)　空欄(i)(ii)に当てはまる語句として適切なものを，次のなかからそれぞれ選びなさい。

ア．ブレーンストーミング　　イ．アイデアマップ　　ウ．KJ法　　(i)________　(ii)________

(2)　下線部(a)〜(c)は，空欄(i)をおこなううえでのルールをあらわしている。それぞれに当てはまるルールの名前を次のなかから選びなさい。

ア．批判禁止　　イ．結合便乗　　ウ．自由奔放　　(a)________　(b)________　(c)________

(3)　下線部(d)について，次の①〜⑤の順番の組み合わせとして適切なものを解答群から1つ選びなさい。

①カードの中から似ているものをいくつかのグループにまとめて，それぞれのグループに見出しをつける。
②どのグループにも入らないものはそのまま残す。
③矢印などでグループ同士の関係を表し，図解をもとに文章化する。
④集まったアイデアをそれぞれカードや付箋に書き出し集める(1枚につき1つのアイデアを記入する)。
⑤小さなグループからさらに中，大グループをつくる。

【解答群】

ア．①→③→②→④→⑤	イ．④→①→⑤→②→③	ウ．④→⑤→①→②→③

＿＿＿＿

問３　次の文章を読んで下の問いに答えなさい。（各５点）

あるコンビニエンスストア「Ａマート」で商品開発に携わっているＢさんは，自社ならではの新たなスイーツ商品を売り出したいと考えた。しかし，ライバルである「Ｃストア」もスイーツ商品の開発に力を入れているようで，ただ新しいスイーツ商品を開発しても，他の商品に埋もれてしまうのではないかと考えた。そこで，Ｂさんはメインターゲットである若い男女にアンケート調査などを実施し，（　　）を探ることにした。

その結果，スイーツ商品への需要には，「大容量で安価の商品」と，「特別感のある高級志向」の２パターンの需要があることが分かった。ライバルである「Ｃストア」は，男性向けの「大容量で安価」なスイーツのシリーズに力を入れていたため，これと差別化をはかるため，Ｂさんは(a)新たに「Ａマートプレミアムデザート」というブランドを立ち上げ，自社のスイーツに，他とは異なる「特別感」を演出することにした。

こうして発売された「Ａマートプレミアムデザート」の商品は，使用する素材や味などにとことんこだわった高品質で特別感のあるシリーズとして話題となり，(b)Ａマートの定番シリーズとしてその後も顧客の間に浸透していき，商品を継続的に購買してくれる固定ファンの獲得にもつながった。

(1)　空欄に当てはまる語句として適切なものを，次のなかから選びなさい。

ア．定性的データ　　イ．顧客ウォンツ　　ウ．顧客ニーズ　＿＿＿＿

(2)　下線部(a)のような，コンビニなどの小売業者によるブランドを何というか，次のなかから適切なものを１つ選びなさい。

ア．ハイブランド　　イ．プライベートブランド　　ウ．ナショナルブランド　＿＿＿＿

(3)　下線部(a)に対し，メーカーによるブランドを何というか，次のなかから適切なものを１つ選びなさい。

ア．ハイブランド　　イ．プライベートブランド　　ウ．ナショナルブランド　＿＿＿＿

(4)　下線部(a)のようなブランドの商品について，商品の企画から発売までの大まかな流れの説明として最も適切なものを，次のなかから１つ選びなさい。

ア．小売業者の主導で商品を企画する　→　メーカーが商品を製造する　→ 自社の店舗や加盟店など，特定の小売店にのみ商品を流通させる　→　消費者の手にわたる

イ．メーカーが商品を企画する　→　メーカーが商品を製造する　→　卸売業者が全国のさまざまな小売店へ商品を流通させる　→　消費者の手にわたる

ウ．小売業者の主導で商品を企画する　→　メーカーが商品を製造する　→　卸売業者が全国のさまざまな小売店へ商品を流通させる　→　消費者の手にわたる。

＿＿＿＿

(5)　下線部(b)のように，顧客が特定の企業やブランド，商品などに対して感じる信頼や思い入れなどのことを何というか，カタカナで正しい用語を記入しなさい。

＿＿＿＿＿＿＿＿

(6)　下線部(b)から分かるように，ブランド構築とは，商品が（　①　）しくみづくりである。それに対し，商品開発は，商品が（　②　）しくみづくりといえる。空欄①・②に当てはまることばを次のなかからそれぞれ選びなさい。

ア．売れる　　イ．生まれる　　ウ．売れ続ける　①＿＿＿＿　②＿＿＿＿

実力確認テスト〈第２回〉

（100点満点）

問1　次の文の下線部が，正しいときは〇印を，誤っているときは正しい語句を解答群から選び，記入しなさい。（各5点）

(1)　財務計画では，販売計画にもとづき，生産に必要な資材や部品の調達や生産設備の状況なども考慮して，生産数量と納期を決定する。

(2)　損益計画は，販売計画にもとづく売上高の予測と製造原価・販売費及び一般管理費・営業外損益の予測を考慮して，将来の損益の見通しをおこなう計画である。

(3)　生産計画とは，仕入代金の支払いなど資金の出入りを中心とした収支の見積もりや借入金の返済計画などのことである。

(4)　多くの企業では，資金の不足に備えて資金繰り表と呼ばれる表を作成していることが多い。

(5)　販売計画，マーケティング計画，生産計画，財務計画が定まったら，それらをまとめ，商品企画書を作成する。商品企画書は，新商品を実際に生産して発売して良いかを判断するためだけでなく，承認後，事業を計画的に進めていくうえでも重要な役割を果たす。

(6)　先端的な消費者が，自らの利用のために革新的商品開発をおこなう現象をエクストリーム・ユーザーという。

(7)　インターネットをとおして，商品開発のための資金を多くの消費者から少額ずつ提供してもらい，目標資金を調達する仕組みをクラウドファンディングという。

(8)　商品成果とは，消費者のアイデアや評価から生まれた商品は，売上高や新奇性，独自性などが高いという効果である。

【解答群】

ア．事業計画書	イ．生産計画	ウ．財務計画	エ．ラベル成果
オ．クラウドソーシング	カ．資金計画	キ．ユーザー・イノベーション	

(1)＿＿＿　(2)＿＿＿　(3)＿＿＿　(4)＿＿＿　(5)＿＿＿　(6)＿＿＿　(7)＿＿＿　(8)＿＿＿

問2　次の「需要予測」の表をみて下の問いに答えなさい。（各5点）

（　①　）	二次データやインターネットサーベイなどの市場調査から規模を特定する。
（　②　）	入手可能率。全国津々浦々の店舗に品ぞろえできるとすれば100%となる。
（　③　）	実施予定のプロモーションで，どれくらい消費者に認知されるのかを過去の実績等より算出する。既存ブランドや商品であれば，その認知率も参考にする。
（　④　）	最終試作品テストなどによって調査した購入意向（たとえば，5：絶対に購入する，4：購入する，3:どちらでもない，2:購入しない，1:絶対に購入しない）のトップボックス（5）またはトップ2ボックス（5と4）の回答率。
（　⑤　）	コンセプト・テストや試作品テスト，二次データなどにより調査する。
小売価格	マーケティング計画で想定される小売価格。

(1)　空欄①～⑤に当てはまる語句を次のなかから選びなさい。

ア．配荷率　　イ．購入意向　　ウ．ターゲット顧客数　　エ．購入頻度　　オ．認知率

①＿＿＿＿　②＿＿＿＿　③＿＿＿＿　④＿＿＿＿　⑤＿＿＿＿

⑵　ターゲット顧客数100万人，購入頻度年間10個，購入意向7割5分，小売価格300円，認知率15%，配荷率10%の商品の売上目標額はいくらになるか，計算しなさい。

＿＿＿＿＿＿

問3　次の文章を読んで下の問いに答えなさい。(各5点)

商品開発におけるデザインの役割は，商品企画書や商品仕様書をもとに，(　①　)を目にみえるよう視覚化したり，形で表現したりすることである。それを実現するために，ⓐ使う人・みる人に配慮した，いわゆる「使いやすさ」が重視される。さらに，近年では，ⓑユニバーサルデザインが重要になってきている。

商品開発におけるデザインには，(　①　)をⓒモノの形に具現化するデザインと，ⓓ文字やイラスト，写真，色という視覚情報に具現化するデザインがある。商品本体のデザイン＝(　②　)であるといえるが，商品のアイコンや色などの視覚表現では，(　③　)が必要となる。

⑴　空欄①に当てはまる語句を，次のなかから1つ選びなさい。

ア．開発テーマ　　イ．商品コンセプト　　ウ．商品イメージ

＿＿＿＿

⑵　下線部ⓐをあらわす語句をカタカナ7文字で記入しなさい。

＿＿＿＿＿＿

⑶　下線部ⓑの説明として適切なものを，次のなかから1つ選びなさい。

ア．高齢者や障がいのある人などが不自由なく生活できるように，段差をなくすなど，障壁となるものを取り除くこと。

イ．平面上に文字や写真，イラスト，図，色などを表示することによって，商品に関する情報を他者に伝えるデザインのこと。

ウ．年齢や障がいの有無，体格，性別，国籍などにかかわらず，より多くの人びとが利用しやすいように設計されたデザインのこと。

＿＿＿＿

⑷　下線部ⓒⓓに当てはまる語句を，次のなかからそれぞれ選びなさい。

ア．グラフィックデザイン　　イ．プロダクトグラフィックス　　ウ．プロダクトデザイン

ⓒ＿＿＿＿　ⓓ＿＿＿＿

⑸　空欄②・③に当てはまる語句の組み合わせとして適切なものを，次のなかから1つ選びなさい。

ア．②プロダクトデザイン　　③グラフィックデザイン

イ．②グラフィックデザイン　③プロダクトデザイン

ウ．②パッケージデザイン　　③グラフィックデザイン

＿＿＿＿

実力確認テスト〈第3回〉

（100点満点）

問1　次の⑴～⑹の具体例として適切なものを，解答群から選びなさい。(各5点)

⑴　これまでにない新商品　⑵　新商品ライン　⑶　既存商品ラインへの追加

⑷　既存商品の改良　⑸　リポジショニング　⑹　コスト削減

【解答群】

ア．30～40代の男性向けから10～20代の女性向けにターゲットを変更した制汗剤
イ．機能やボタンの数を少なくした高齢者用スマートフォン
ウ．空を飛ぶバイク
エ．いくつものブランドをもつ化粧品メーカーによる新しいブランドシリーズ
オ．もとの商品よりもさらにデザインや機能を洗練させた卓上扇風機
カ．ペットボトルの紅茶飲料を製造するメーカーが新発売した，茶葉にこだわった高級志向の紅茶飲料

⑴＿＿＿＿　⑵＿＿＿＿　⑶＿＿＿＿　⑷＿＿＿＿　⑸＿＿＿＿　⑹＿＿＿＿

問2　次の文章を読んで下の問いに答えなさい。(各5点)

Aさんは，学校の授業で商品の開発に取り組んでいる。商品の企画や仕様書の作成までできたので，これからいよいよプロダクトデザインに取りかかるところである。

Aさんは，まず，⒜ポイントとなるアイデアやイメージを，メモ書き程度にできるだけたくさん描いてみることにした。次に，その中から特に良いアイデアを1つ選び，そのアイデアをさらに掘り下げて，⒝商品の全体像やデザインの意図，機能や動き，使われ方や場面などが分かるように，説明書きなども加えながら，より具体的な様子を描いていった。最後に，そのデザイン画をもとに，⒞パソコンの3Dモデルを用いて表面の模様や質感，光源，影などをリアルに表現したデザイン画を作成した。

この3段階の作業により完成品のイメージ図ができたので，今度は，そのイメージ図をもとに，⒟商品を正面や側面，上など様々な方向から見たときの様子をコンピュータ上で作図することにした。この作業は，三次元の立体的な形状を二次元で表現する作業で，（　　　　）を用いておこなうのが主流である。Aさんは，（　　　　）を使ったことがなかったので，ソフトウェアの使い方を勉強しながら作図に取り組み，最終的にはうまく図を描くことができた。

⑴　下線部⒜～⒟に当てはまる語句をそれぞれ記入しなさい。

⒜＿＿＿＿＿＿　⒝＿＿＿＿＿＿　⒞＿＿＿＿＿＿　⒟＿＿＿＿＿＿

⑵　空欄に当てはまる語句として正しいものを，次のなかから1つ選びなさい。

ア．3DCAD　イ．グラフィックソフト　ウ．ペイントソフト　エ．2DCAD

＿＿＿＿

問3　次の文章を読んで下の問いに答えなさい。(各5点)

商品が生産者から消費者にわたるまでの道筋を流通経路といい，これは（　①　）とも呼ばれる。流通経路の選択においては，各流通経路のメリット・デメリットを考慮したうえで，商品特性やターゲット顧客を踏まえた選択をおこなうことが重要となる。

商品特性にもとづいた流通経路の選択では，⒜開発商品が「①最寄品」「②買回品」「③専門品」のいずれにあたるかを基準として，それに適した（　①　）政策を選択するという方法をとることができる。

ターゲット顧客にもとづいた流通経路の選択では，(b)人口統計的な基準や地理的な基準，年齢や性別，嗜好，ライフスタイルなどにより市場を細分化したうえで，商品コンセプト，商品特性を踏まえて，(c)ターゲット顧客が多く利用する小売店舗などを選択する。また，顧客の嗜好やライフスタイルは常に変化するものであり，その変化に対応できる流通経路を提案する必要がある。世界的なパンデミックを引き起こした新型コロナウイルス感染症により，新しい働き方，新しい日常生活が求められている。特に，新しい働き方として在宅勤務（テレワーク）が拡大しているが，この傾向は，（　②　）店舗で買い物をするネットショッピングの拡大につながり，宅配便を利用しての流通経路が拡大している。

近年，（　②　）店舗を利用した買い物は，（　③　）の発展により，さらに利便性が増している。（　③　）はリアル店舗や（　②　）店舗，カタログ通販などの流通経路だけでなく，ソーシャルメディアやスマートフォンのアプリ，コールセンターなど，顧客とのすべての接点を統合し，連携させた販売戦略である。この販売戦略により，顧客はいつでもどこでも商品情報を入手したり，商品を購入したり，商品を受け取ったりすることが可能となるのである。

(1) 空欄①～③に当てはまる語句として適切なものを，次のなかからそれぞれ選びなさい。

ア．オムニチャネル　　イ．リアル　　ウ．チャネル　　エ．オンライン

①＿＿＿＿ ②＿＿＿＿ ③＿＿＿＿

(2) 下線部(a)について，「①最寄品」「②買回品」「③専門品」に対応する流通経路の政策の名称をそれぞれ記入しなさい。

①＿＿＿＿＿＿＿＿政策 ②＿＿＿＿＿＿＿＿政策 ③＿＿＿＿＿＿＿＿政策

(3) 「①最寄品」に対応する流通経路の政策の特徴として適切なものを，次のなかから1つ選びなさい。

ア．取引をおこなう際に一定の条件を設け，その条件に合致する流通業者にのみ商品を流通させるため，チャネル管理が比較的しやすく，価格の値崩れも防ぎやすい。

イ．多くの流通業者に商品を流通させるため，販売機会が増加する一方，販売方法や価格の管理などが困難である。

ウ．チャネル管理がしやすく，価格競争に巻き込まれにくい。また，販売員が商品知識や技術を身につけやすくなり，ブランドイメージを維持しやすい。

＿＿＿＿

(4) 下線部(b)のように市場を細分化することを何というか，カタカナ9文字で記入しなさい。

＿＿＿＿＿＿＿＿＿＿＿＿

(5) 下線部(c)の具体例として最も適切なものを次のなかから1つ選びなさい。

ア．手ごろな価格のお菓子を購入したい中高生をターゲットに，流通経路は百貨店を選択する。

イ．高級志向の20代の女性をターゲットに，流通経路は低価格販売をおこなうディスカウントストアを選択する。

ウ．エナジードリンクを購入する30代男性をターゲットに，流通経路はコンビニエンスストアを選択する。

エ．健康志向の高齢者をターゲットに，流通経路はスマホアプリを利用したショッピングサイトを選択する。

＿＿＿＿

実力確認テスト〈第４回〉

（100点満点）

問１　次の図について，下の問いに答えなさい。（各５点）

<table>
<tr><th colspan="3"></th><th>二次データ分析</th><th>専門家インタビュー</th><th>インターネットサーベイ</th><th>観察</th><th>デプスインタビュー</th><th>グループインタビュー</th><th>会場テスト</th><th>ホーム・ユース・テスト</th><th>試験販売</th></tr>
<tr><td rowspan="2">（ ① ）</td><td colspan="2">（ ③ ）</td><td>○</td><td>○</td><td>○</td><td></td><td></td><td></td><td></td><td></td><td></td></tr>
<tr><td rowspan="6">（ ④ ）</td><td>顧客ニーズやアイデア発見</td><td></td><td></td><td></td><td>○</td><td>○</td><td>○</td><td></td><td></td><td></td></tr>
<tr><td rowspan="6">（ ② ）</td><td>コンセプト・テスト</td><td></td><td></td><td></td><td></td><td></td><td></td><td>○</td><td></td><td></td></tr>
<tr><td>試作品テスト</td><td></td><td></td><td></td><td></td><td></td><td></td><td>○</td><td>○</td><td></td></tr>
<tr><td>ネーミング・テスト</td><td></td><td></td><td></td><td></td><td></td><td></td><td>○</td><td></td><td></td></tr>
<tr><td>パッケージ・テスト</td><td></td><td></td><td></td><td></td><td></td><td></td><td>○</td><td></td><td></td></tr>
<tr><td>最終試作品テスト</td><td></td><td></td><td></td><td></td><td></td><td></td><td>○</td><td>○</td><td></td></tr>
<tr><td colspan="2">（ ⑤ ）</td><td></td><td></td><td></td><td></td><td></td><td></td><td></td><td></td><td>○</td></tr>
</table>

(1)　空欄①～⑤に当てはまる語句を，次のなかからそれぞれ選びなさい。

ア．消費者テスト　　イ．市場テスト　　ウ．環境分析　　エ．探索的調査　　オ．検証的調査

①＿＿＿＿　②＿＿＿＿　③＿＿＿＿　④＿＿＿＿　⑤＿＿＿＿

(2)　空欄①～⑤のように，市場の動向や顧客ニーズなどを理解するためにおこなう調査をまとめて何というか，適切な語句を漢字４文字で記入しなさい。

＿＿＿＿＿＿＿＿

(3)　次の(a)～(g)の説明として適切なものを，解答群からそれぞれ選びなさい。

(a)　インターネットサーベイ　　(b)　観察調査　　(c)　デプス・インタビュー

(d)　グループ・インタビュー　　(e)　会場テスト　(f)　ホーム・ユース・テスト　　(g)　試験販売

【解答群】

ア．地域と期間を限定し，実際の市場で試験的に商品を販売する。
イ．複数の対象者に座談会形式で話を聞く。
ウ．インターネットをとおして消費者にアンケート調査をおこなう。
エ．調査対象者を会場に集めてアンケートやインタビューなどをおこなう。
オ．調査対象者の行動を観察し，データ収集をおこなう。
カ．調査対象者に自宅で商品を一定期間試してもらい，感想や意見などを収集する。
キ．１人の調査対象者と１対１の面談形式でおこなう。

(a)＿＿＿＿　(b)＿＿＿＿　(c)＿＿＿＿　(d)＿＿＿＿　(e)＿＿＿＿　(f)＿＿＿＿　(g)＿＿＿＿

問2　次の文図をみて下の問いに答えなさい。(各5点)

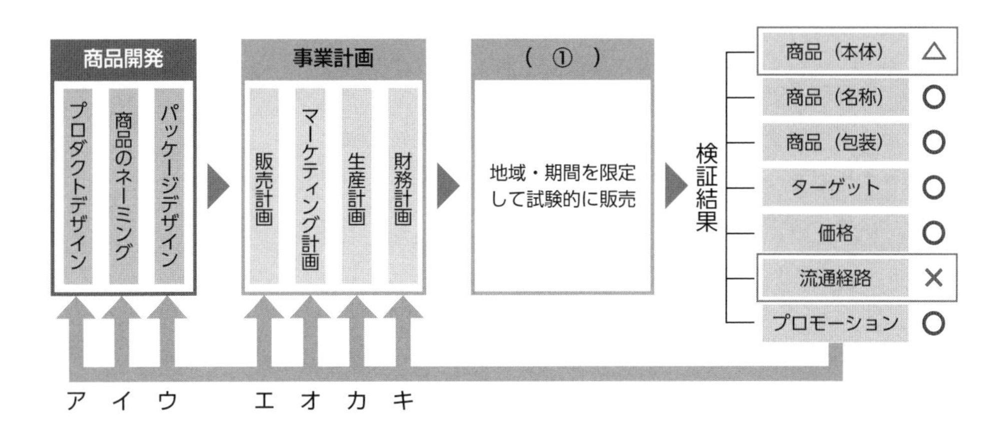

(1)　空欄①に当てはまる語句として適切なものを，次のなかから１つ選びなさい。

ア．市場調査　　イ．最終試作品テスト　　ウ．市場テスト

____

(2)「商品（本体）」と「流通経路」が向かうのは，矢印ア～キのうちのどれか，適切なものをそれぞれ選び，記入しなさい。

商品（本体）：________　流通経路：________

(3)　空欄①について説明したものとして最も適切なものを，次のなかから１つ選びなさい。

ア．テストのための模擬的な会場で期間を限定して商品を販売するので，全国でいっせいに販売した場合に発生しうるリスクを軽減することができる。

イ．テスト実施の際には，全国の市場のなかでも，特に偏った特徴をもつ地域を選ぶことが重要である。

ウ．テストの実施には多大な費用や時間がかかり，競合に新商品の情報を察知されるという課題がある。

____

問3　次のグラフは，ある商品の需要の価格弾力性をあらわしている。このグラフについて説明した文章の空欄に当てはまる数字を記入しなさい。(各5点)

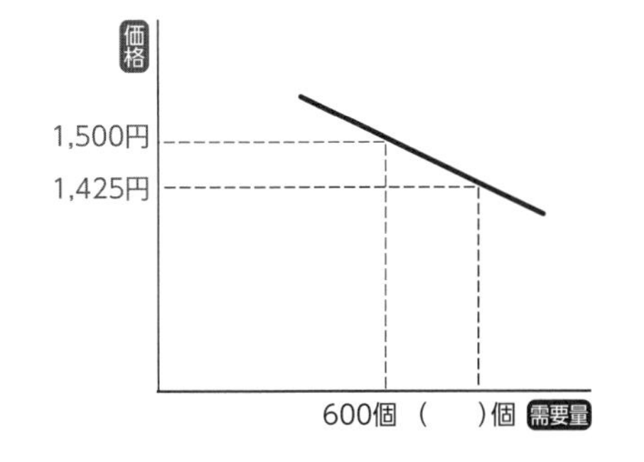

需要の価格弾力性が－１の場合，1,500円で（　①　）個売れている商品を（　②　）％値下げすれば，（　③　）個売れる。

①________　②________　③________

実力確認テスト〈第５回〉

（100点満点）

問１　次の⑴～⑷の説明として適切なものを，解答群からそれぞれ選びなさい。（各５点）

⑴　近接の原則　　⑵　整列の原則　　⑶　強弱の原則　　⑷　反復の原則

【解答群】

ア．図や文字を配置する際には，位置をそろえる。
イ．同一のグループの要素を近くに配置し，関連性の低い要素は離す。
ウ．文字の大きさに差をつけたり部分的に色を変えたりするなど，情報に強弱をつける。
エ．サイズ，形，色，書体，写真，図版などを同じルールに従って繰り返しレイアウトする。

⑴________　⑵________　⑶________　⑷________

問２　次の文の下線部が，正しいときは○印を，誤っているときは正しい語句を解答群から選び，記入しなさい。（各５点）

⑴　試作品作成の初期段階では，立体（三次元）スケッチやペーパーモデルなどの<u>ラフスケッチ</u>が用いられる。
⑵　<u>ペーパーモデル</u>は，スチレンボードやケント紙，プラスチック板などの紙やボードを使って組み立てるモデルである。
⑶　主に，工業製品などの外観の検討や機能の確認のために試作される，実物に似せた模型のことを<u>ワーキングモデル</u>という。
⑷　<u>モックアップ</u>では，形状だけでなく，素材・安全性・耐久性・コスト試算などが幅広く検討される。

【解答群】

ア．ワーキングモデル　　イ．プラスチックモデル　　ウ．ラフモデル　　エ．モックアップ

⑴________　⑵________　⑶________　⑷________

問３　次の文章の空欄①～④に当てはまる語句を解答群から選びなさい。（各５点）

コンビニは，100～200m^{2}程度の空間に約2,000～3,000種の商品を陳列しているところが多い。限られた売場面積の中で多くの品種を取り扱うので，機会損失を生じないためにも，「どこに，どの商品を，どれだけの数量陳列するのか」を決める（　①　）が重要な問題となる。

売場づくりでは，まず，商品を品群や品種などによって（　②　）し，顧客が商品を探しやすく，また，商品同士を比較しやすいようにする。

次に，商品を店内のどの位置に，どのようなスペース配分で配置するのかなどを決めていく。たとえば，売れ筋商品や新商品は顧客を引きつけるため，メイン通路に面した目立つ場所に置き，そこから買物客を店の一番奥まで引き込むようにするのが基本である。売れ筋商品の筆頭格は弁当類で，最も売れ行きのいい弁当は，入口を入った正面突き当たりの壁ゴンドラに配置されることが多い。そして，弁当を買えば，飲み物が必要となる。また，飲み物を目当てに来店する客も多いため，飲み物を店の一番奥に配置することで，買物客を店の奥に誘導し，他のゴンドラを見ながらレジに進むようにする。このような作業は，（　③　）と呼ばれる。

最後に，商品を陳列什器にどのように並べるかを決めていく。この作業は（　④　）といい，商品パッケージの正面部分を商品ごとにいくつずつ並べるかによって，顧客の目への触れやすさが変わってくる。そのため，新商品や売り出したい商品の場合は多く並べるなどの工夫が必要となる。

【解答群】

ア．ゾーニング　　イ．棚割　　ウ．フェイシング　　エ．グルーピング

①＿＿＿＿　②＿＿＿＿　③＿＿＿＿　④＿＿＿＿

問４　次の文章を読んで下の問いに答えなさい。(各５点)

ある日用品メーカーでは，コスメ・スキンケア用品，ヒューマンヘルス用品，文具＆事務用品，ケミカル用品の４つの事業を展開している。これらの事業を（　　　　　）にもとづいて分析したところ，次のようになった。

（　①　）：	化粧水，美容液，メイク用品など（コスメ・スキンケア用品）
（　②　）：	おむつ，ハンドソープなど（ヒューマンヘルス用品）
（　③　）：	筆記用具，ノート，ファイルなど（文具＆事務用品）
（　④　）：	制汗スプレー，合成洗剤など（ケミカル用品）

この分析結果をもとに新商品の企画をおこなったところ，開発方針は次のようになった。

①　コスメ・スキンケア用品の分野で新商品を開発する場合

→　市場シェアをさらに拡大することを目的とした開発をおこなう。
（多くの資金を投入して開発する。最大シェアの地位を維持し，ブランド力の強化をはかる）

②　ヒューマンヘルス用品の分野で新商品を開発する場合

→　市場シェアを獲得して（　⑤　）の事業へ成長させることを目的とした開発をおこなう。
（十分な資金を投入して競争力を強化し，市場シェア獲得を目指す）

③　文具＆事務用品の分野で新商品を開発する場合

→　市場シェアを防衛する。また，市場の拡大を目的とした開発をおこなう。
（資金の投入は最小限にする。新商品を開発することで，競合他社にシェアを奪われることを防ぐ。うまくいけば市場の拡大も可能となる）

④　ケミカル用品の分野で新商品を開発する場合

→　（　⑥　）の事業に移行できる可能性がある，またはニッチな顧客をターゲットとする場合に新商品を開発する。（上記以外の場合では撤退も検討する必要がある）

(1)　文中の（　　　　）に当てはまる語句として適切なものを次のなかから１つ選びなさい。

ア．SWOT　　イ．PEST　　ウ．PDCA　　エ．PPM

＿＿＿＿

(2)　空欄①～⑥に当てはまる語句として適切なものを選びなさい。なお，同じ選択肢を２回選んでもよい。

ア．問題児　　イ．花形　　ウ．負け犬　　エ．金のなる木

①＿＿＿＿　②＿＿＿＿　③＿＿＿＿　④＿＿＿＿　⑤＿＿＿＿　⑥＿＿＿＿

(3)　以下の図の空欄に当てはまるものとして適切な組み合わせを解答群から選びなさい。

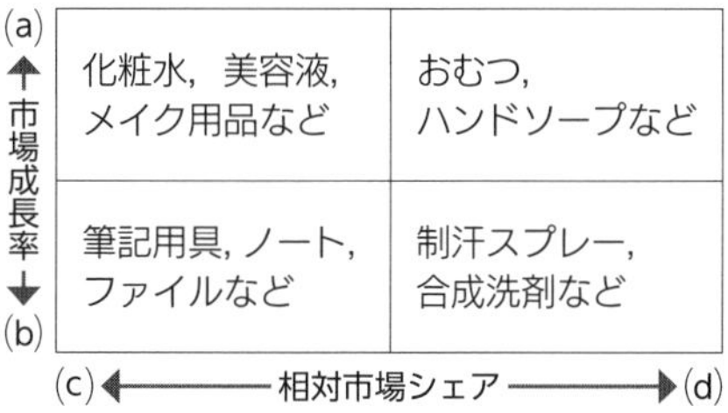

(a) ↑ 市場成長率 ↓ (b)

(a)	化粧水，美容液，メイク用品など	おむつ，ハンドソープなど
(b)	筆記用具，ノート，ファイルなど	制汗スプレー，合成洗剤など
	(c) ←	相対市場シェア → (d)

【解答群】

ア．	a：高い	b：低い	c：低い	d：高い
イ．	a：高い	b：低い	c：高い	d：低い
ウ．	a：低い	b：高い	c：低い	d：高い
エ．	a：低い	b：高い	c：高い	d：低い

＿＿＿＿

実力確認テスト〈第6回〉

（100点満点）

問1　次の⑴〜⑸の説明として適切なものを，解答群からそれぞれ選びなさい。（各4点）

⑴　色の三属性　　⑵　色相環　　⑶　色相　　⑷　明度　　⑸　彩度

【解答群】

ア．色の鮮やかさの違いのこと。
イ．色相が連続して変化していくように環状に並べたもの。
ウ．赤，青，緑，黄のような色味の性質のこと。
エ．色の明るさの度合いのこと。
オ．色がもつ色相・明度・彩度という３つの性質のこと。

⑴＿＿＿＿　⑵＿＿＿＿　⑶＿＿＿＿　⑷＿＿＿＿　⑸＿＿＿＿

問2　次の文章を読んで下の問いに答えなさい。（各5点）

商品の企画では，はじめに新商品に影響を与える環境要因について，そのトレンドや変化を理解することが求められる。環境要因には，マクロ環境とミクロ環境がある。

マクロ環境は，政治的要因，経済的要因，社会的要因，技術的要因という４つの環境要因に分けられる。これらの４つの視点にもとづき，自社を取り巻くマクロ環境を分析する手法を，４つの環境要因の頭文字をとって（　　　　　）という。さらに，近年５つ目の要因として自然環境的要因が注目されている。

⑴　下線部について説明した文章として適切なものを，次のなかから１つ選びなさい。
ア．自社が事業を展開する市場環境をあらわす。
イ．自社と，自社の顧客，競合企業によって構成されている市場環境。
ウ．顧客のニーズや競合企業の動向へ幅広く影響を及ぼす環境要因。

＿＿＿＿

⑵　空欄に当てはまる語句を記入しなさい。

＿＿＿＿＿＿＿＿

⑶　次の①〜⑩のうち，政治的要因に関連するものは「ア」，経済的要因は「イ」，社会的要因は「ウ」，技術的要因は「エ」，自然環境的要因は「オ」として記号を記入しなさい。
①地球温暖化　②キャッシュレス化　③外国人観光客の増加　④不正競争防止法　⑤好景気
⑥低金利　⑦消費者基本法　⑧単身世帯の増加　⑨食品の廃棄ロス　⑩IoT

①＿＿＿＿　②＿＿＿＿　③＿＿＿＿　④＿＿＿＿　⑤＿＿＿＿

⑥＿＿＿＿　⑦＿＿＿＿　⑧＿＿＿＿　⑨＿＿＿＿　⑩＿＿＿＿

問３　次の文章を読んで下の問いに答えなさい。（各５点）

探索的調査で得られるのは，調査回答者の発言や行動記録などの（　①　）データである。こうしたデータの分析と解釈には，次の３点が重要である。第１に，顧客が商品に抱く不満や問題に思っていることなどの課題が（　②　）となる可能性がある。単に表面上でわかることではなく，その発言や行動の背景に，(a)潜在ニーズがないかを考えることが重要である。第２に，(b)顧客の無意識の行動が，潜在ニーズとなる可能性がある。第３に，(c)顧客自身が問題に対して意識あるいは無意識的に工夫していることが，便益や解決策のアイデアとなる可能性がある。

(1)　空欄①～②に当てはまる語句を，次のなかからそれぞれ選びなさい。

ア．ウォンツ　　イ．定量的　　ウ．顧客ニーズ　　エ．インサイト　　オ．定性的

①________　②________

(2)　下線部(a)の説明として適切なものを，次のなかから１つ選びなさい。

ア．顧客が商品やサービスなどに対して求める具体的な欲求のこと。

イ．顧客が自覚している，言葉にすることができるニーズのこと。

ウ．顧客が自覚していない，言葉にすることができないニーズのこと。

____

(3)　次の①～③の説明文について，下線部(b)と下線部(c)の具体例として適切な組み合わせはどれか，解答群から選びなさい。

①冷凍餃子の開発において，主婦を対象にした観察調査で調理中に水が多すぎて餃子をふやかしたり，少なすぎて焦がしたりしてしまうなどの失敗が多いことが明らかになったため，水を使わずに調理できる冷凍餃子を開発した。

②自宅で眼鏡や鍵などを探せない顧客がいる一方，小皿などに入れてすぐ探せる顧客がいることから，一時的に小物をおくホームポジションを決めることが大事という発見につながった。

③幼児は，歯ブラシを大人のように持てず，拳で握りしめて持つという発見から，幼児が握りやすいようグリップを太く柔らかくした歯ブラシを開発した。

【解答群】

ア．下線部(b)：説明文① 下線部(c)：説明文②	イ．下線部(b)：説明文③ 下線部(c)：説明文②	ウ．下線部(b)：説明文② 下線部(c)：説明文③

____

実力確認テスト〈第７回〉

（100点満点）

問１　次の文の下線部が，正しいときは○印を，誤っているときは正しい語句を解答群から選び，記入しなさい。（各５点）

⑴　「ハンバーガーを食べたい」などの具体的な欲求をウォンツという。それに対し，「お腹がすいた」などの本質的な欲求を<u>シーズ</u>という。

⑵　農畜水産物や天然資源をはじめ，文具や洋服，家電製品などは，<u>無形財</u>と呼ばれる。

⑶　個人の消費のために売買されるものは<u>生産財</u>と呼ばれる。

⑷　食品や日用品など，近隣店舗で習慣的に購入される商品は<u>最寄品</u>と呼ばれる。

⑸　商品開発を進めるうえでは，単に自社の収益性だけでなく，環境への影響や安全性などの<u>就業規則</u>を意識することが不可欠である。

⑹　小売業者や卸売業者などの流通業者が商品開発するブランドを<u>ナショナルブランド</u>という。

【解答群】

ア．法令遵守	イ．ニーズ	ウ．消費財	エ．プライベートブランド
オ．買回品	カ．有形財		

⑴＿＿＿＿　⑵＿＿＿＿　⑶＿＿＿＿　⑷＿＿＿＿　⑸＿＿＿＿　⑹＿＿＿＿

問２　次の「特許審査の流れ」の図をみて，下の問いに答えなさい。（各５点）

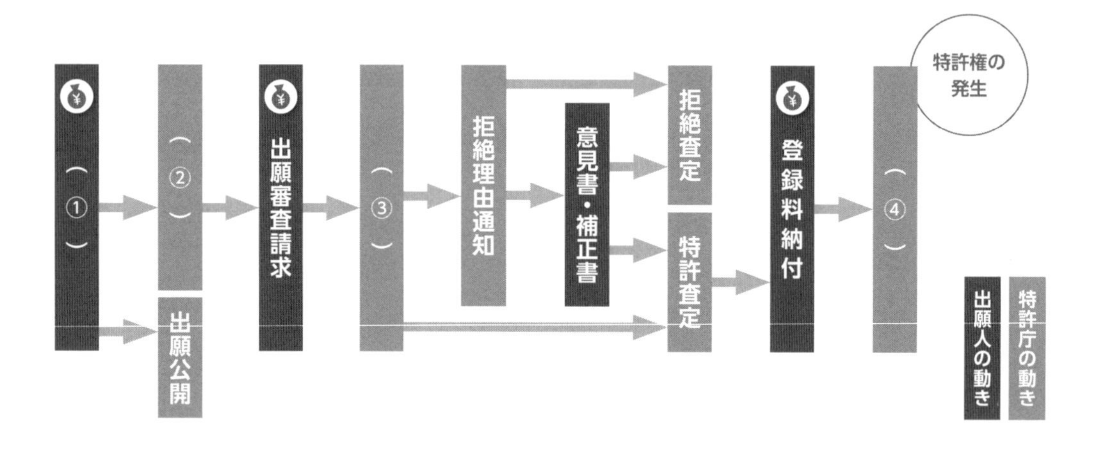

⑴　空欄①～④に当てはまる語句を次のなかからそれぞれ選びなさい。

ア．実体審査　　イ．設定登録　　ウ．方式審査　　エ．特許出願

①＿＿＿＿　②＿＿＿＿　③＿＿＿＿　④＿＿＿＿

⑵　空欄①～④の説明として適切なものを，次のなかからそれぞれ選びなさい。

ア．提出された書類の書式などを審査する。

イ．発明の内容が所定の要件を満たしていると判断され，設定登録が認められる。

ウ．登録したい発明の内容などを記入した書類をそろえ，特許願と共に特許庁に提出する。

エ．発明の内容に新規性や進歩性があるかどうかなどを審査する。

①＿＿＿＿　②＿＿＿＿　③＿＿＿＿　④＿＿＿＿

問３　次の文章を読んで下の問いに答えなさい。（各５点）

Ａさんは，ある企業の新商品のパッケージ・テストに協力することになった。パッケージ・テストでは，３種類の方法でテストがおこなわれた。

①１番目のテストでは，まず，(a)実物に似せたパッケージ案の模型が１つ提示された。Ａさんはそのデザインを見て，商品コンセプトと合っているか，そのデザインで商品を買いたいと思うかなどについて(b)アンケートに記入した。その後も，毎回１つずつ，異なるデザインのパッケージの模型が提示され，そのたびにアンケートに感想などを記入していった。

②２番目のテストでは，１番目のテストとはちがい，異なるデザインのパッケージが一度に複数個，同時に提示された。Ａさんは，その複数個のパッケージを比較して，買いたいと思う順番や，１番選びたくなるデザインについてアンケートに記入した。

③３番目のテストでは，お店にあるような棚に，実際にたくさんの商品が陳列されていた。Ａさんは，その棚に並んだ商品のなかから，普段，お店で目にしたことのある商品はどれか，どのパッケージが印象的かなどをアンケートに記入した。また，棚の中で１番買いたい商品や気になる商品を自由に手に取ってみるというようなテストもおこなわれた。

(1)　下線部(a)のような模型を何というか，カタカナ６文字で記入しなさい。

＿＿＿＿＿＿＿＿

(2)　下線部(b)のように，調査対象者の意見を数値化して収集する調査方法を何というか，適切な語句を次のなかから１つ選びなさい。

ア．観察調査　　イ．インタビュー調査　　ウ．サーベイ調査

＿＿＿＿

(3)　①～③の３種類のテストの名称を，次のなかからそれぞれ選びなさい。

ア．シェルフテスト　　イ．単独テスト　　ウ．相対テスト

①＿＿＿＿　②＿＿＿＿　③＿＿＿＿

(4)　パッケージ・テストは，どのような形式でおこなわれることが多いか，適切なものを次のなかから１つ選びなさい。

ア．ホーム・ユース・テスト　　イ．会場テスト　　ウ．市場テスト　　エ．機能テスト

＿＿＿＿

実力確認テスト〈第8回〉

(100点満点)

問1　次の文の下線部が，正しいときは〇印を，誤っているときは正しい語句を解答群から選び，記入しなさい。(各5点)

(1)　<u>コスト・プラス法</u>は，製造原価や販売にかかわるさまざまなコストに一定の利益を上乗せして価格とする方法である。

(2)　製造原価（あるいは仕入価格）に対して，販売にかかわるさまざまなコストと利益を加えた利幅の割合を<u>値入率</u>という。

(3)　<u>需要志向型価格設定法</u>は，顧客がいくらならその商品を買ってくれるかを考え，ターゲット顧客視点で価格を設定する考え方である。

(4)　競争志向型価格設定法では，競合企業と同程度か，それよりも<u>高い</u>価格を設定する。

(5)　需要曲線と供給曲線が交わる点での価格を<u>均衡価格</u>という。

(6)　一般に<u>供給量</u>とはある価格のもとで消費者が買いたいと思う量のことをいう。

【解答群】

ア．需要量	イ．利幅率	ウ．マーク・アップ法
エ．市場価格	オ．低い	カ．競争志向型価格設定法

(1)________　(2)________　(3)________　(4)________　(5)________　(6)________

問2　次の(1)〜(6)に最も関係の深いものを解答群から選びなさい。(各5点)

(1)　シンボルマーク　(2)　ロゴ　(3)　アイコン

(4)　ピクトグラム　(5)　テクスチャ　(6)　パターン

【解答群】

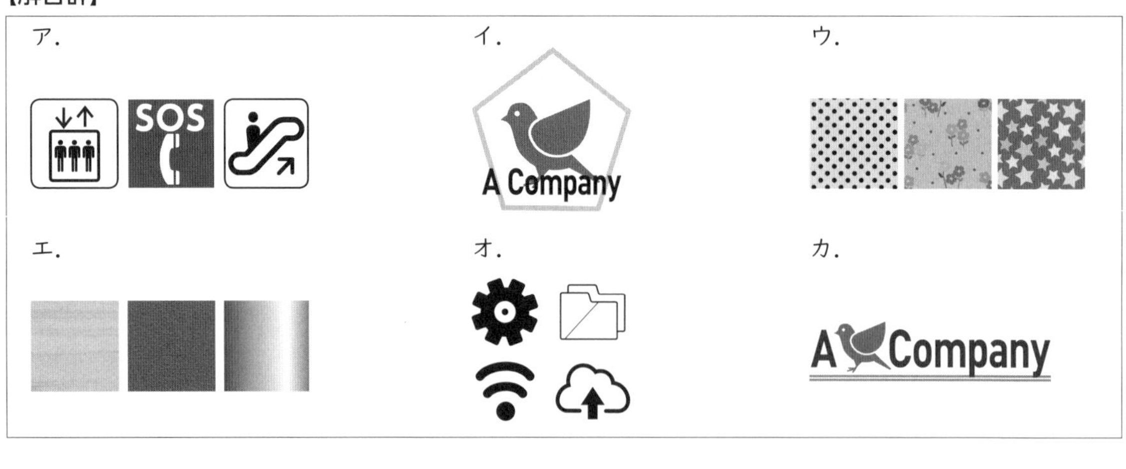

(1)________　(2)________　(3)________　(4)________　(5)________　(6)________

問3　次の文章を読んで下の問いに答えなさい。(各5点)

(a)商品コンセプトの良し悪しを判断する場合，(b)ポジショニングマップを用いて，マップ上で競合のいない空白地帯に自社の新商品が位置づけられているかを確認するという方法が最適である。また，競合のいない空白地帯に自社の新商品を位置づける方法には，次の３つの方法がある。

①　典型的便益の向上
②　これまでにない新商品の開発による新便益の追加
③　リポジショニングによる新便益の追加

①は，既存商品の改善により，カテゴリーの典型的便益の水準を上げる方法であり，②は新機能を商品開発し，新便益を追加する方法，③は，既存商品の特徴・技術の再解釈により新たな便益を設定するか，新たなターゲット顧客を狙う方法である。

(1)　下線部(a)について，「誰に，何を提供するのか」という形式にもとづいた商品コンセプトとして最も適切なものを，次のなかから１つ選びなさい。

ア．１年間の修理保証という付随機能をもつスマートフォン

イ．自社の新技術を生かし，環境志向の流行という機会をとらえた環境にやさしいエアコン

ウ．10代から20代の若者に向けた，写真映えして健康にも良いフルーツティー

エ．既存商品を改良し，コストダウンした家庭用掃除機

＿＿＿＿

(2)　下線部(b)は，ターゲット顧客の頭の中での位置づけとなるため，（　　　　　）マップとも呼ばれる。空欄に当てはまる語句を記入しなさい。

＿＿＿＿＿＿＿＿

(3)　上の文章の①～③をあらわす具体例として適切なものを，次のなかからそれぞれ選びなさい。

ア．洗浄力での白さを競っていた洗濯洗剤市場に，「除菌できるのが本当の白さ」と差別化する。

イ．競合より白さをめざす洗浄力の高い洗濯洗剤。

ウ．洗濯洗剤がもつ良い香りに注目し，「洗濯の楽しさ」を訴求して差別化する。

①＿＿＿＿　②＿＿＿＿　③＿＿＿＿

(4)　上の文章の①～③をあらわすポジショニングマップとして適切なものを，次のなかからそれぞれ選びなさい。

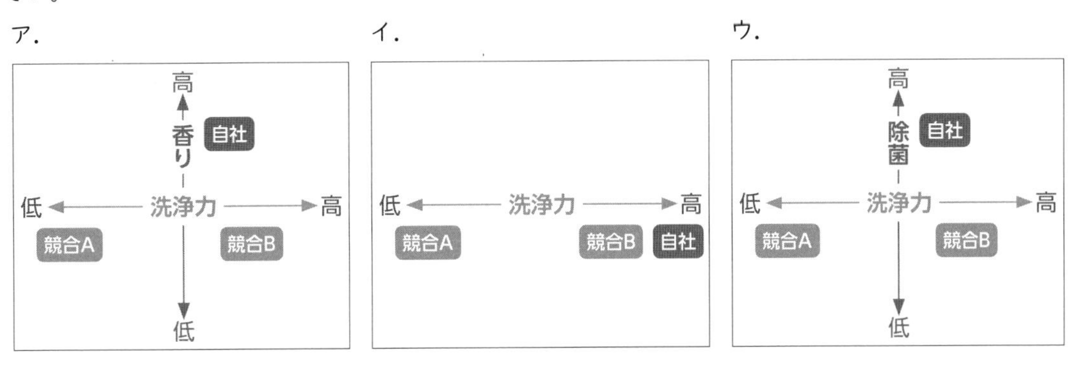

①＿＿＿＿　②＿＿＿＿　③＿＿＿＿

実力確認テスト〈第９回〉

（100点満点）

問１　次の文章を読んで下の問いに答えなさい。（各５点）

あるメーカーに勤めるＢさんは，新しいノートパソコンの商品企画に携わることになった。そこでＢさんは，まずはターゲットを絞り込む必要があると考え，(a)消費者をいくつかの属性ごとに細分化してグループ分けし，その後，(b)細分化したグループの中から１つのグループを選択し，そのグループの顧客が欲しいと思うようなノートパソコンを企画することにした。　消費者のグループ分けの基準として，Ｂさんは，消費者のうち働いている人を全体的なターゲットとし，その中からさらに，事務職やサービス業，営業職などの職業の違いによるグループ分けをおこなうことにした。そして，そのグループの中から，「外回り営業をするサラリーマン」をターゲットとして選択した。

その後，ターゲット顧客について調査をおこなった結果，日本の人口を約１億2500万人とすると，そのうち約12.4%が営業職に従事し，さらにそのうち47%が内勤営業，53%が外勤営業であることがわかった。また，ターゲットである外回り営業をするサラリーマンに対する調査により，営業時に持ち歩くノートパソコンについて，「軽さや薄さなどの持ち運びやすさ」を重視する人が60%，「機能が多く高性能であること」を重視する人が40%であることがわかった。そのため，Ｂさんは，「外回り営業をするサラリーマン」であることに加え，「ノートパソコンに持ち運びやすさを重視する人」を最終的なターゲットとして商品を企画することに決めた。

(1)　下線(a)(b)は，次の選択肢ア～ウのいずれにあたるか。それぞれ適切なものを選びなさい。

ア．ポジショニング　　イ．ターゲティング　　ウ．セグメンテーション

(a)＿＿＿＿　(b)＿＿＿＿

(2)　上の文章の内容から，Ｂさんが選択したのは下の図のどのグループであるか，適切なものを次のなかから１つ選びなさい。

	持ち運びやすいノートPC	機能性・性能に優れたノートPC
専門的・技術的職業	ア	コ
事務職	イ	サ
営業職（内勤）	ウ	シ
営業職（外勤）	エ	ス
サービス業	オ	セ
農林漁業	カ	ソ
生産	キ	タ
運搬・清掃・包装	ク	チ
その他	ケ	ツ

＿＿＿＿

(3)　上の文章の内容から，ターゲット顧客の規模は何人か，適切なものを次のなかから１つ選びなさい。

ア．約437万人　　イ．約493万人　　ウ．約4,929万人　　エ．約49万人

＿＿＿＿

(4)　上の文章から，Ｂさんが分析しているのはマクロ環境とミクロ環境のどちらといえるか，適切な方を選びなさい。

ア．マクロ環境　　イ．ミクロ環境

＿＿＿＿

問２　次の文章を読んで下の問いに答えなさい。（各５点）

①Ａさんは，近日発売予定の最新ゲームの(a)テレビCMを見かけ，「今は，こんなゲームがあるんだなあ」

と，はじめてそのゲームについて知った。

②翌日，Aさんがインターネットを見ていると，昨日CMで見た最新ゲームに関する(b)ニュース記事が掲載されているのを見つけた。その記事には，ゲームの内容や発売日などが記載されていた。さらに，Aさんがテレビを見ていると，Aさんの好きな芸能人が番組内でその最新ゲームを紹介していた。そこで，Aさんはそのゲームに興味を持ちはじめた。

③数日後，ショッピングをしていると，Aさんが気になっていた最新ゲームの(c)体験コーナーが設けられていた。興味があったので，体験コーナーで実際にゲームをプレイしてみると，Aさんが持っている他のゲームよりもグラフィックが良く，ストーリーも面白そうだったので，Aさんはそのゲームを欲しいと思うようになった。

④数日後，Aさんのスマートフォンに，ゲームの発売を知らせるメールが届いた。Aさんは，「そういえば，もう発売日なのか」と思い出し，再びそのゲームを欲しいと強く思うようになった。

⑤ゲームの発売日になったが，価格が少し高かったので，しばらく購入は見送ろうとしていたところ，体験会に参加した人限定の(d)特別割引クーポンが届いた。クーポンを使えば，お小遣いと貯金で購入できそうだったので，Aさんはすぐにお店に向かった。お店では，(e)店員さんが商品の場所を教えてくれたり，ゲームをするのに必要な付属品について丁寧に説明してくれたので，Aさんは気分良くゲームを購入することができた。

(1) 段落①～⑤は，顧客の購買意思決定プロセスの各段階をあらわしている。段落①～⑤に当てはまる段階の名称を，次のなかからそれぞれ選びなさい。

ア．欲求　イ．関心　ウ．行動　エ．注意　オ．記憶

①________　②________　③________　④________　⑤________

(2) 段落①～⑤のような顧客の購買意思決定プロセスを何というか，適切なものを次のなかから1つ選びなさい。

ア．AIDA　イ．AISAS　ウ．AIDMA　________

(3) テレビCMや体験コーナーなどのように，企業が商品についてターゲット顧客に伝え，購買を促進させる活動を何というか。適切な語句を次のなかから1つ選びなさい。

ア．マーケティング　イ．プロモーション　ウ．販売促進　________

(4) 下線部(a)～(e)は，次のア～オのいずれにあたるか，適切なものをそれぞれ選びなさい。

ア．広告　イ．販売促進　ウ．イベント　エ．PR活動　オ．人的販売

(a)________　(b)________　(c)________　(d)________　(e)________

(5) 下線部(b)のように，新商品や新技術などの情報をメディア関係者に提供し，無償でニュースや記事などに取り上げてもらう活動を何というか，次のなかから適切な語句を1つ選びなさい。

ア．セールスプロモーション　イ．パブリシティ　ウ．マーケティング　________

(6) 設問(4)の選択肢ア～オのような手段を組み合わせて複合的に活用することを何というか，次のなかから適切な語句を1つ選びなさい。

ア．プロモーション・ミックス　イ．マーケティング・ミックス　ウ．パブリックリレーションズ

____

(7) 段落③であらわされているような企業から顧客へのアプローチ方法は，次のうちどちらに当てはまるか，適切な方を選びなさい。

ア．プッシュ戦略　イ．プル戦略　________

実力確認テスト〈第10回〉

（100点満点）

問1　次の文章の空欄①～⑨に当てはまる語句を解答群から選びなさい。（各5点）

(1)　ヒット商品の開発には，（　①　）を理解する市場調査が重要となる。

(2)　（　②　）は，顧客ニーズ発見のための（　③　）と，コンセプトや試作品の評価のための（　④　）に分けられる。

(3)　市場調査の調査方法には，（　⑤　）と（　⑥　）がある。（　⑤　）とは，少数の対象から数値化されないデータを収集する調査であり，（　⑥　）とは，多数の対象から数値化されたデータを収集する調査である。

(4)　定量調査の代表的な方法には，調査対象者の意見を数値化して収集する（　⑦　）がある。

(5)　定性調査の代表的な方法には，調査対象者の発言を収集する（　⑧　）と，調査対象者の行動を記録する（　⑨　）がある。

【解答群】

ア．定性調査	イ．顧客ニーズ	ウ．観察調査	エ．定量調査	オ．市場調査
カ．探索的調査	キ．検証的調査	ク．サーベイ調査	ケ．インタビュー調査	

①＿＿＿＿　②＿＿＿＿　③＿＿＿＿　④＿＿＿＿　⑤＿＿＿＿

⑥＿＿＿＿　⑦＿＿＿＿　⑧＿＿＿＿　⑨＿＿＿＿

問2　次の文章を読んで下の問いに答えなさい。（各5点）

プロダクトデザインにおいて，(a)色は商品の特徴を表現すると同時に，商品の快適さや安全性にも関わってくるものである。たとえば，家電製品に表示される電源やタイマー，温度設定などを示すアイコンは，白地に黒など，分かりやすい配色で表示されることが多い。しかし，これがもし，(b)白地に薄い色のアイコンであったり，黒地に青や紫などの色のアイコンであったりしたら，アイコンや文字が見づらくなり商品を使用するときの快適さが低くなる。また，商品によっては，誤操作により安全性が損なわれる場合もある。このようなことを避けるためにも，プロダクトデザインでは視認性の高い配色を考えることが重要となる。

プロダクトデザインにおける色の効果には，商品の快適さや安全性を左右すること以外にも，様々なものがある。たとえば，もとの色相が同じでも，(c)明度や彩度の違いによって，やわらかそうに見えたり，硬そうに見えたり，また，派手に見えたり，落ち着いて見えたりするなど，印象が大きく変わることがある。

(1)　下線部(a)について，色がもつ3つの性質をあらわす語句と，3つの性質それぞれの説明の組み合わせとして適切なものを，次のなかから1つ選びなさい。

ア．色の三原色：色相（「赤・青・緑」などの色味の違い），明度（色の明るさの度合い），彩度（色の鮮やかさの度合い）

イ．色の三属性：色相（色の鮮やかさの度合い），明度（色の明るさの度合い），彩度（「赤・青・緑」などの色味の違い）

ウ．色の三原色：色相（色の明るさの度合い），明度（「赤・青・緑」などの色味の違い），彩度（色の鮮やかさの度合い）

エ．色の三属性：色相（「赤・青・緑」などの色味の違い），明度（色の明るさの度合い），彩度（色の鮮やかさの度合い）

＿＿＿＿

(2) 下線部(a)に関連して，次の文章の空欄①～⑥に当てはまるものを解答群から選び，記入しなさい。

一般的に，赤や（　①　）などの色は太陽や火を連想させるため，（　②　）と呼ばれる。一方，青や青緑，（　③　）などの色は水や氷を連想させるため，（　④　）と呼ばれる。色相は，このように色が感じさせる温度によって分類することができるが，なかには，温度を感じさせない（　⑤　）という色も存在する。これには，（　⑥　）や紫の系統の色が含まれる。

【解答群】

ア．中性色	イ．黄色	ウ．寒色	エ．緑	オ．青紫	カ．暖色

①＿＿＿＿　②＿＿＿＿　③＿＿＿＿　④＿＿＿＿　⑤＿＿＿＿　⑥＿＿＿＿

(3) 下線部(b)について，下の図を参考に，黒地に青や紫の配色が見づらい理由として適切なものを解答群から選びなさい。

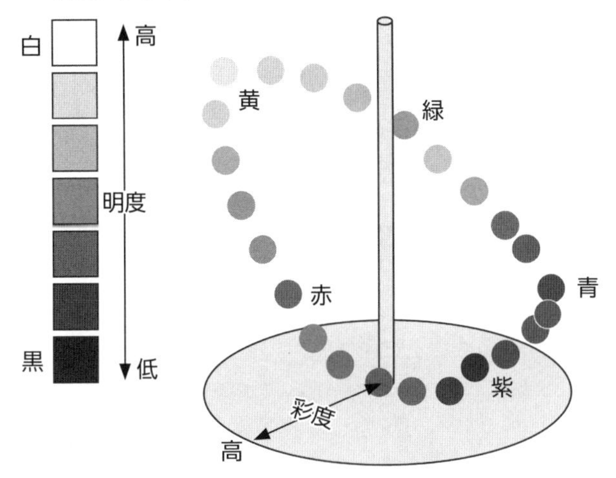

【解答群】

ア．黒は彩度が低い色で，青や紫も彩度が低いため，彩度差が小さくなるから。
イ．黒は明度が低く，青や紫は明度が高いため，明度差が大きくなるから。
ウ．黒は明度が低く，青や紫も明度が低いため，明度差が小さくなるから。

＿＿＿＿

(4) 下線部(b)のような配色の視認性を高める手法として適切な語句を，次のなかから１つ選びなさい。

ア．グラデーション　　イ．セパレーション　　ウ．プロポーション

＿＿＿＿

(5) 下線部(c)について，次の空欄①～⑥と(a)～(c)に当てはまる語句の組み合わせとして適切なものを，解答群からそれぞれ選びなさい。

軽そう		重そう	派手		地味	硬そう		やわらかそう
(①)←	(a)	→(②)	(③)←	(b)	→(④)	(⑤)←	(c)	→(⑥)

【解答群１】空欄①～⑥

ア．	①低い	②高い	③高い	④低い	⑤低い	⑥高い
イ．	①高い	②低い	③高い	④低い	⑤低い	⑥高い
ウ．	①高い	②低い	③高い	④低い	⑤高い	⑥低い

＿＿＿＿

【解答群２】空欄(a)～(c)

ア．	a：彩度	b：明度	c：明度
イ．	a：明度	b：明度	c：彩度
ウ．	a：明度	b：彩度	c：明度

＿＿＿＿

MEMO

【商業 733】

商品開発と流通 ワークブック

別冊解答

東京法令出版

第1章　商品開発の基本

第1節　商品と商品開発①〜②

（ワークブックp. 4）

基本問題

問1

①エ　②イ　③ア　④ウ　⑤ア

問2

(1)エ　(2)○　(3)ア　(4)イ　(5)○

応用問題

①ウ　②イ　③エ　④ア

発展問題

①ウ　②オ　③イ　④カ　⑤エ　⑥ア
⑦キ

第2節　商品開発プロセス

（ワークブックp. 6）

基本問題

①エ　②キ　③コ　④ケ　⑤カ　⑥ウ
⑦ク　⑧オ　⑨イ　⑩ア

応用問題

(1)ステージ・ゲート・プロセス
(2)①ア　②イ

第3節　商品開発とブランド

（ワークブックp. 7）

基本問題

①ウ　②イ　③エ　④オ　⑤ア

発展問題

ウ

第2章　商品の企画

第1節　環境分析①　（ワークブックp. 8）

基本問題

問1

①イ　②エ　③ウ　④ア

問2

①ア　②○　③オ　④エ　⑤○　⑥イ

問3

フェアトレード

応用問題

①イ　②ウ　③オ　④ア　⑤エ　⑥カ

発展問題

経済のグローバル（化）

第1節　環境分析②　（ワークブックp.10）

基本問題

問1

①イ　②エ　③ア　④オ　⑤カ

問2

SDGs

応用問題

(1)ウ　(2)イ　(3)ウ　(4)ア　(5)イ　(6)ウ
(7)ア　(8)イ

第1節　環境分析③　（ワークブックp.11）

基本問題

問1

①ウ　②エ　③ア　④イ

問2

(1)×　(2)○　(3)×　(4)×

応用問題

550万人（5,500,000人）

第１節　環境分析④（ワークブックp.12）

基本問題

問１

(1)エ　(2)イ　(3)キ　(4)ク　(5)ウ
(6)カ　(7)ア　(8)オ

問２

ウ

応用問題

イ

発展問題

（商品）ライフサイクル

第２節　開発方針とテーマの決定①（ワークブックp.14）

基本問題

問１

①コ　②エ　③ク　④カ　⑤オ　⑥ケ
⑦ア　⑧ウ　⑨イ　⑩キ

問２

(1)×　(2)○　(3)○　(4)×　(5)×

応用問題

問１

①イ　②エ　③ウ　④ア

問２

①イ　②エ　③ウ　④ア　⑤ウ　⑥イ
⑦エ　⑧ウ　⑨エ　⑩ウ

第２節　開発方針とテーマの決定②（ワークブックp.16）

基本問題

問１

①イ　②ウ　③エ　④オ　⑤ア

問２

(1)イ　(2)エ　(3)○　(4)○　(5)ウ

応用問題

①イ　②ウ　③ア　④エ　⑤オ　⑥カ
⑦カ　⑧オ

発展問題

①イ　②ア　③ウ　④エ

第２節　開発方針とテーマの決定③（ワークブックp.18）

基本問題

(1)○　(2)エ　(3)イ　(4)ウ　(5)○

応用問題

①イ　②ア　③エ　④ウ　⑤カ　⑥オ

第３節　探索的調査①（ワークブックp.19）

基本問題

①イ　②オ　③カ　④ア　⑤エ　⑥キ
⑦ウ

応用問題

①エ　②オ　③ウ　④ア　⑤イ

第３節　探索的調査②（ワークブックp.20）

基本問題

問１

①オ　②カ　③イ　④ウ　⑤ア
⑥エ　⑦キ

問２

エクストリーム・ユーザー

応用問題

(1)①オ　②ウ　(2)ウ　(3)イ

第４節　アイデアの創出と評価①～②（ワークブックp.22）

基本問題

問１

①ア　②オ　③エ　④イ　⑤ウ

問２

(1)イ　(2)○　(3)ウ

応用問題

①エ　②ア　③オ　④イ　⑤ウ

発展問題

問1
イ

問2
ア

第5節　商品コンセプトの考案
（ワークブックp.24）

基本問題

問1
①キ　②ウ　③カ　④イ　⑤エ　⑥ア
⑦オ　⑧ク

問2
ウ

応用問題

(1)①イ　②ア　③ウ
(2)①イ　②ウ　③ア

第6節　検証的調査（コンセプト・テスト）
（ワークブックp.26）

基本問題

問1
①ウ　②オ　③イ　④ア　⑤エ

問2
(1)ウ　(2)エ　(3)イ　(4)○

応用問題

(1)エ　(2)合格

第7節　商品企画書の作成と承認
（ワークブックp.28）

基本問題

問1
①ウ　②エ　③オ　④イ　⑤ア

問2
ウ

応用問題

①イ　②オ　③キ　④ウ　⑤エ　⑥ア
⑦ク　⑧カ

第3章　商品の開発

第1節　商品仕様書の作成
（ワークブックp.30）

基本問題

問1
①イ　②エ　③ア　④オ　⑤ウ

問2
(1)×　(2)○　(3)○　(4)×
(5)×　(6)○

発展問題

①ウ　②イ　③エ　④ア

第2節　プロダクトデザイン①
（ワークブックp.32）

基本問題

問1
(1)①イ　②エ　③ア　④ウ　⑤オ
(2)プロダクトグラフィックス

問2
ウ

応用問題

問1
(1)ウ　(2)エ　(3)ア　(4)イ

問2
①ウ　②イ　③オ　④エ　⑤カ
⑥ア　⑦キ

第2節　プロダクトデザイン②
（ワークブックp.34）

基本問題

問1
①ウ　②ア　③オ　④エ　⑤イ

問2
(1)ウ　(2)○　(3)エ　(4)○

第2節　プロダクトデザイン③
(ワークブックp.35)

基本問題
(1)○　(2)×　(3)×　(4)×

応用問題
(1)イ　(2)エ　(3)ア　(4)ウ

第2節　プロダクトデザイン④〜⑤
(ワークブックp.36)

基本問題
問1
①ウ　②イ　③エ　④オ　⑤ア
問2
(1)○　(2)カ　(3)イ　(4)○　(5)ウ

応用問題
問1
ウ
問2
(1)イ　(2)ア　(3)エ　(4)オ　(5)ウ

発展問題
①イ　②エ　③ウ　④ア

第3節　試作品の作成と評価①
(ワークブックp.38)

基本問題
問1
①ウ　②エ　③ア　④イ　⑤オ
問2
(1)ウ　(2)○　(3)イ　(4)エ

第3節　試作品の作成と評価②
(ワークブックp.39)

基本問題
①イ　②エ　③ウ　④ア

応用問題
①エ　②ウ　③ア　④イ

第4節　商品のネーミングとパッケージの制作・評価
(ワークブックp.40)

基本問題
①エ　②イ　③オ　④ア　⑤ウ

応用問題
問1
(1)イ　(2)エ　(3)ア　(4)ウ
問2
(1)イ　(2)ア　(3)ウ
問3
(1)A：イ　B：iv　(2)A：ウ　B：ii
(3)A：ア　B：i　(4)A：エ　B：iii

第5節　最終試作品テストと商品の完成
(ワークブックp.42)

基本問題
①ウ　②イ　③カ　④エ　⑤ア　⑥オ
⑦キ　⑧ケ　⑨ク

応用問題
問1
(1)×　(2)×　(3)×　(4)○
問2
①エ　②イ　③ウ　④ア

第6節　知的財産の登録①
(ワークブックp.44)

基本問題
問1
①ウ　②イ　③ア　④オ　⑤エ
問2
産業財産権

応用問題

問1

(1)ウ　(2)エ　(3)イ　(4)ア

問2

①ウ　②サ　③キ　④エ　⑤ケ　⑥コ
⑦イ　⑧カ　⑨イ　⑩ク　⑪オ　⑫ア

発展問題

(1)知的財産　(2)ア

第6節　知的財産の登録②～③

(ワークブックp.46)

基本問題

①キ　②ウ　③エ　④イ　⑤ア　⑥オ
⑦カ

応用問題

①カ　②イ　③ウ　④キ　⑤ア　⑥エ
⑦オ

発展問題

(1)実体　(2)イ

第4章　事業計画

第1節　事業計画の立案

(ワークブックp.48)

基本問題

①エ　②ウ　③イ　④オ　⑤ア

応用問題

問1

①ウ　②ア　③オ　④イ　⑤カ　⑥エ

問2

¥33,750,000

発展問題

(1)ウ　(2)イ　(3)ア

第2節　マーケティング計画（価格）①

(ワークブックp.50)

基本問題

問1

①ウ　②イ　③オ　④エ　⑤ア

問2

(1)×　(2)○　(3)×　(4)○　(5)×

応用問題

(1)A：ウ　B：ii　(2)A：イ　B：i
(3)A：ア　B：iii

発展問題

問1

競争志向型価格設定法

問2

需要志向型価格設定法

第2節　マーケティング計画（価格）②

(ワークブックp.52)

基本問題

①オ　②イ　③カ　④エ　⑤ウ　⑥ア

応用問題

問1

①ア　②イ　③イ　④ア　⑤ア　⑥イ
⑦エ　⑧ウ　⑨オ

問2

①1,000　②10　③1,200

発展問題

問1

市場価格

問2

イ

第2節　マーケティング計画（価格）③

(ワークブックp.54)

基本問題

①エ　②ウ　③イ　④オ　⑤ア

応用問題

(1)ア　(2)ウ　(3)イ　(4)エ

第3節　マーケティング計画(流通経路)①　(ワークブックp.55)

基本問題

(1)○　(2)×　(3)×　(4)○

発展問題

エ

第3節　マーケティング計画(流通経路)②　(ワークブックp.56)

基本問題

問1

①エ　②オ　③イ　④ウ　⑤ア

問2

(1)オ　(2)○　(3)イ　(4)エ　(5)○

応用問題

①ア　②ウ　③イ　④カ　⑤エ　⑥オ

発展問題

ア

第3節　マーケティング計画(流通経路)③　(ワークブックp.58)

基本問題

①オ　②ウ　③イ　④ア　⑤カ

発展問題

ウ

第3節　マーケティング計画(流通経路)④　(ワークブックp.59)

基本問題

①オ　②イ　③カ　④ク　⑤キ　⑥ケ
⑦コ　⑧エ　⑨ウ　⑩ア

第4節　マーケティング計画（プロモーション）①（ワークブックp.60)

基本問題

問1

①ウ　②カ　③ク　④キ　⑤ケ　⑥ア
⑦コ　⑧エ　⑨オ　⑩イ

問2

①ウ　②エ　③○　④○　⑤ア

応用問題

①ウ　②ア　③エ　④イ　⑤オ

発展問題

問1

ソーシャルメディア

問2

プロモーション

第4節　マーケティング計画（プロモーション）②（ワークブックp.62)

基本問題

問1

①エ　②ウ　③ア　④オ　⑤イ

問2

(1)○　(2)イ　(3)ア

応用問題

①ウ　②ア　③オ　④イ　⑤エ

発展問題

問1

ア

問2

(1)ウ　(2)エ　(3)ア　(4)オ　(5)イ

第4節　マーケティング計画（プロモーション）③（ワークブックp.64)

基本問題

問1

①ウ　②オ　③ア　④エ　⑤イ

問2
(1)エ　(2)○　(3)イ　(4)ウ　(5)○

応用問題

①ウ　②イ　③エ　④ア

発展問題

問1
棚割
問2
ゾーニング
問3
フェイシング

第4節　マーケティング計画（プロモーション）④（ワークブックp.66）

基本問題

①コ　②ケ　③オ　④カ　⑤ウ　⑥キ
⑦ク　⑧エ　⑨ア　⑩イ

応用問題

①A：エ　B：ク　②A：カ　B：シ
③A：オ　B：サ　④A：イ　B：コ
⑤A：ウ　B：キ　⑥A：ア　B：ケ

第4節　マーケティング計画（プロモーション）⑤（ワークブックp.68）

基本問題

問1
①エ　②ウ　③オ　④ア　⑤イ
問2
(1)エ　(2)ウ　(3)イ　(4)○　(5)○

応用問題

①イ　②エ　③オ　④ウ　⑤ア　⑥カ

発展問題

(1)トリプルメディア
(2)①イ　②ウ　③ア

第5節　事業計画書の作成と検証①
（ワークブックp.70）

基本問題

問1
①エ　②オ　③イ　④ウ　⑤ア
問2
(1)○　(2)ウ　(3)○　(4)イ

第5節　事業計画書の作成と検証②
（ワークブックp.71）

基本問題

①エ　②ウ　③イ　④オ　⑤ア

応用問題

①イ　②オ　③ウ　④エ　⑤ア

第6節　事業計画の実践と修正
（ワークブックp.72）

基本問題

問1
①コ　②ウ　③オ　④ア　⑤カ　⑥イ
⑦キ　⑧エ　⑨ケ　⑩ク
問2
(1)イ　(2)ウ　(3)ア

応用問題

(1)エ　(2)イ　(3)ウ　(4)ア

第5章　商品開発の動向と課題

第1節　商品開発の動向①
（ワークブックp.74）

基本問題

問1
①カ　②イ　③オ　④ウ　⑤エ　⑥ア
問2
(1)○　(2)イ　(3)○　(4)ウ　(5)ア

応用問題

①ウ　②イ　③ア

発展問題

問1

エクストリーム・ユーザー

問2

インサイト

第1節　商品開発の動向②

（ワークブックp.76）

基本問題

問1

①ウ　②ア　③エ　④オ　⑤イ

問2

(1)ウ　(2)イ　(3)ア

第2節　商品開発の課題

（ワークブックp.77）

基本問題

①ウ　②ア　③イ　④エ

応用問題

①エ　②ア　③イ　④ウ　⑤オ

実力確認テスト

●実力確認テスト〈第1回〉

問1

(1)意匠　(2)商標　(3)特許　(4)実用新案
(5)著作　(6)特許庁　①～⑤：イ

問2

(1) i ：ウ　ii ：ア
(2) a ：ウ　b ：ア　c ：イ　(3)イ

問3

(1)ウ　(2)イ　(3)ウ　(4)ア
(5)ロイヤルティ　(6)①ウ　②ア

●実力確認テスト〈第2回〉

問1

(1)イ　(2)○　(3)カ　(4)○　(5)ア　(6)キ
(7)○　(8)○

問2

(1)①ウ　②ア　③オ　④イ　⑤エ
(2)￥33,750,000

問3

(1)イ　(2)ユーザビリティ　(3)ウ
(4) c ：ウ　d ：ア　(5)ア

●実力確認テスト〈第3回〉

問1

(1)ウ　(2)エ　(3)カ　(4)オ　(5)ア　(6)イ

問2

(1) a ：サムネイルスケッチ
b ：ラフスケッチ
c ：レンダリング　d ：製図
(2)エ

問3

(1)①ウ　②エ　③ア
(2)①開放的チャネル（政策）
②選択的チャネル（政策）
③排他的チャネル（政策）
(3)イ　(4)セグメンテーション　(5)ウ

●実力確認テスト〈第4回〉

問1

(1)①エ　②オ　③ウ　④ア　⑤イ
(2)市場調査
(3) a ：ウ　b ：オ　c ：キ　d ：イ
e ：エ　f ：カ　g ：ア

問2

(1)ウ
(2)商品（本体）：ア　流通経路：オ
(3)ウ

問3

①600　②5　③630

●実力確認テスト〈第5回〉

問1

(1)イ　(2)ア　(3)ウ　(4)エ

問2

(1)ウ　(2)○　(3)エ　(4)ア

問3

①イ　②エ　③ア　④ウ

問4

(1)エ

(2)①イ　②ア　③エ　④ウ　⑤イ
⑥エ

(3)イ

●実力確認テスト〈第6回〉

問1

(1)オ　(2)イ　(3)ウ　(4)エ　(5)ア

問2

(1)ウ　(2)PEST分析

(3)①オ　②エ　③ウ　④ア　⑤イ
⑥イ　⑦ア　⑧ウ　⑨オ　⑩エ

問3

(1)①オ　②ウ　(2)ウ　(3)イ

●実力確認テスト〈第7回〉

問1

(1)イ　(2)カ　(3)ウ　(4)○　(5)ア　(6)エ

問2

(1)①エ　②ウ　③ア　④イ

(2)①ウ　②ア　③エ　④イ

問3

(1)モックアップ　(2)ウ

(3)①イ　②ウ　③ア　(4)イ

●実力確認テスト〈第8回〉

問1

(1)○　(2)イ　(3)○　(4)オ　(5)○　(6)ア

問2

(1)イ　(2)カ　(3)オ　(4)ア　(5)エ　(6)ウ

問3

(1)ウ　(2)知覚　(3)①イ　②ア　③ウ

(4)①イ　②ウ　③ア

●実力確認テスト〈第9回〉

問1

(1)a：ウ　b：イ　(2)エ　(3)イ　(4)イ

問2

(1)①エ　②イ　③ア　④オ　⑤ウ

(2)ウ　(3)イ

(4)a：ア　b：エ　c：ウ　d：イ
e：オ

(5)イ　(6)ア　(7)ア

●実力確認テスト〈第10回〉

問1

①イ　②オ　③カ　④キ　⑤ア　⑥エ
⑦ク　⑧ケ　⑨ウ

問2

(1)エ

(2)①イ　②カ　③オ　④ウ　⑤ア
⑥エ

(3)ウ　(4)イ

(5)①～⑥：イ　a～c：ウ

MEMO